WIZARD

BEST
LOSER

ベスト・ルーザー・ウィンズ

WINS

Why Normal Thinking Never Wins the Trading Game
by Tom Hougaard

トム・ホウガード [著]

長岡半太郎 [監修]　井田京子 [訳]

人間の脳に組み込まれた
負けパターンを克服する方法

Ⓟ PanRolling

Best Loser Wins : Why Normal Thinking Never Wins the Trading Game
by Tom Hougaard

Copyright © 2022 Tom Hougaard

Originally published in the UK by Harriman house Ltd in 2022.
www.harriman-house.com
Japanese translation rights arranged with Harriman House Ltd through Japan UNI Agency, Inc.

監修者まえがき

　本書は、JPモルガン・チェースやシティ・インデックスでの勤務経験があるトム・ホウガードの著した "Best Loser Wins : Why Normal Thinking Never Wins the Trading Game" の邦訳である。ホウガードは、トレードにおいては負け方の巧拙こそが最終的な成功・失敗を分けるカギであることを本書で丁寧に説いている。この主張は一見すると奇妙に思えるかもしれないが、紛れもない事実である。

　一般に、投資やトレードの世界では、本当の成功者は表に出てわざわざ話をしたりしない。そんなことをするよりも仕事に専念したほうがはるかに良いからだ。だが、自らが知る真実を私たちに伝えようとする善意の人も少ないながらもなかには存在する。

　そして、彼らはたいてい同じことを語る。最初は小さく賭けること、事実に基づいて行動すること、リスクを管理すること、精神的な安定を図ることなどである。本書にも書かれているこれらのことは、表現の違いはあるが、マーケットの魔術師であるラリー・ハイトやマーク・リッチーが、『ルール』（パンローリング）や『財産を失っても、自殺しないですむ方法』（パンローリング）で述べたこととまったく同じである。

　多くの人の思い込みとは違い、トレードでは高度な技術は必ずしも必要ない（あっても邪魔にはならないが）。いわゆるテクニカル分析は基礎的な本を何か1冊読んでおけば十分だ。どのみちどんなに分析に凝ったところで、実際にトレードを始めればあっけなく逆行して引かされることになる。社会的に成功した人であればあるほ

ど、トレードではあまりに勝てないことに当惑することだろう。

　しかし、トレードの成功には勝率は関係がない。それを理解したうえで市場の動きに沿ってポジションを動かしていけば、体感的にはやることなすことうまくいかず負け続けているにもかかわらず、いつの間にか純資産が増えていくのに再度驚くことになる。

　ところで、本書を読んでいる方はどんな人だろう。まったくの初心者や資金を短期間で何万倍にもするつもりの人は本書には興味を示さないだろうし、仮に読んでも意味がまったく分からないだろう。だが、トレードの経験はあるがあらゆる努力を重ねてもなかなか利益が出せなくて悩み、これを手に取った人ならば、著者の言葉がよく理解できるはずだ。問題はトレードのルールが一般社会とは違うということだけなのだ。成功するためにあなたは自分自身を変える必要はないが、少なくとも勝ち負けの認識は変える必要がある。そして、新しい価値観を受け入れる努力はきっと報われることになる。

　翻訳にあたっては以下の方々に心から感謝の意を表したい。井田京子氏はいつもながら丁寧な翻訳をしてくださった。阿部達郎氏は丁寧な編集・校正を行っていただいた。また本書が発行される機会を得たのはパンローリング社社長の後藤康徳氏のおかげである。

2024年4月

長岡半太郎

目　次
CONTENTS

CONTENTS

ブルームバーグの画面を見つめるいとしい女の子に捧げる

親愛なるマーケットへ

　私は、初めて出合ったときからあなたに魅了されている。恋に落ちたと言ってもよいが、まだ10歳だった私にはよく分からなかった。新聞に載っていたあなたは、一種のコンテストのように見えた。

　当時の私はまだ幼くてあなたと対戦できなかったため、ただ見ているしかなかった。時も私に味方をしてくれなかった。今日のようにトレードできるようになるまでには20〜30年早すぎた。私の幼少期はあなたとかかわることなくすぎていった。

　1973年にあなたが壊滅的な下落に見舞われていたのは、私がやっと歩き始めたころだった。1987年の暴落であなたが怒りの声を上げていたころ、私は高校を卒業したばかりだった。そして、あなたが1990年代の強気相場に入ろうとしていたとき、私はほぼ準備ができていた。ただ、まだ完全ではなかった。

　そして、ついにあなたから人生を変える招待状を受け取った。私はすべてを捨ててあなたを追い求めることにした。大学ではあなたについて学び、2つも学位を修得した。また、長い時間をかけて従来の経済学やノーベル賞受賞者や善意のジャーナリストや専門家の視点であなたを理解しようと試みた。

　あのころの私に、そんな必要はないと言ってほしかった。あなたは解くべき方程式ではない。あなたはモデルではとらえきれないほど複雑であり、本当の姿はだれにも理解できないし、とらえることもできないことをあなた自身が何回も示している。あなたはどこにでもいるし、どこにもいない。普遍的な法則でさえあなたには当てはまらない。

私はあなたを深く愛し、あなたも私に多くの喜びを与えてくれた。私はあなたにすべてを捧げた。あなたは、私が目を覚ましたときから眠りにつくまでずっと私のそばにいた。私が不安を感じているとき、あなたは私の気分を上げてくれた。私が柔軟に対応できたときは想像もしないようなご褒美をくれた。しかし、私が頑なに意地を張っているときは、罰として、与えてくれた以上のものを奪っていった。

　私はあなたに夢中で、恋したティーンエイジャーのようにあなたを追いかけた。フィボナッチレシオ、ケルトナーチャネル、ボリンジャーバンド、トライデント戦略だけでなく、神秘的なギャンの価格振動やオニールの相場サイクルなども駆使してあらゆる角度からあなたに挑んだ。

　私はハドソン川のうねりのモデルまで開発して、あなたの反応を確かめようとした。さらには、あなたと一緒に踊ったときにあまり足を踏まれないようにするため、何千枚ものチャートに線や丸を描き込んでいった。

　私のつま先はひどく痛んだ。あまりの痛さに海に行って何時間も石を投げていたこともあった。あなたが一緒にタンゴを踊ってくれなかったことに腹を立てていたのだ。

　あなたのせいで眠れない夜もたくさんあった。あなたのために涙を流し、怒りに震え、心は傷ついたけれど、あなたと別れることはできなかった。まだすべてを理解していないことも、探し続けなければならないことも分かっていた。

　あなたにすべてを捧げることで、私は生きていることを実感できた。あなたは私が生きる目的を与えてくれた。あなたが課してくる難問の数々は鬼軍曹でさえ一目置くほどだが、私はそれさえも愛し

ている。あなたは子供に最善を望む親のように、私が常に気を抜かないように仕向けてくれた。

　ただ、あなたの教えは分かりにくかった。簡単なふりをしてけっしてそうではなかった。モデルや方程式や指標や常識や理論があれば踊れると見せかけていても、実際のあなたに理論は通用しなかった。あなたと踊るために何年も奮闘し続けていたある日、偶然あなたが秘密を打ち明けてくれた。それは、あなたを理解しようとするのをやめて、自分自身を理解しろということだった。

　私はトレードをやめた。自分自身を理解するために長い時間を費やしてから、再びトレードを始めた。ダンスフロアに帰ってきた私を、あなたは両手を広げて迎え、笑顔で言った。「おかえり。やっと分かったようだね。バンドエイドは持ってきたかい」

　もちろんだ。私は傷ついても自分で手当てできる。市場ではうまく負けた人が勝つのだ。

まえがき

　失敗をどう受けとめるかが、人生の多くの場面でその人の成長と人生の行く末に非常に大きな影響を及ぼすと言ったらどう思うだろうか。

　本書をいったん閉じて、そのことについて少し考えてみてほしい。この一文の深い意味を考えると怖くなる。

　トレーダーの99％が、答えを探すところが間違っていることに気づいていない。テクニカル分析、ファンダメンタルズ分析、指標、レシオ、パターン、トレンドラインはだれでも知っているが……多くの人が負けている、１％の人たちを除いて。

　この１％の人たちがやっていて、残りの99％がやっていないことは何なのだろうか。

　私がトレードで成功するためにやっていることで、多くの人がやっていないことは何なのだろうか。

　答えは簡単であり、複雑でもある。私は負け方がものすごくうまいのだ。

　そして、トレードはうまく負けた人が勝つ。

　私は、負けても不安になったり、精神のバランスを崩したり、執着したり、腹を立てたり、なんとかトントンにしたいと思ったりしないよう心を整えた。

　このような心を持つことで、私は自分のトレードができている。私のテクニカル分析の知識は平均程度だが、自分自身に関する並外れた知識を持っていることが多くの人との違いを生んでいる。

　人としての成長を測るために重要なのは、何を知っているかでは

なく、その知識をどう使うのかである。

　本書は、私が自分自身を変えて今のようにトレードできるように
なった経緯と、自分ができることと、自分が実際に達成したことの
溝をどう埋めたのかについて書いている。

序章

Introduction

　私の名前はトム・ホウガード、52歳だ。30年前、私は故郷のデンマークをあとにした。金融トレーダーを志した私は、ロンドンを目指した。

　どうすればトレーダーになれるかは考えていた。経済学の学士号と、金融とファイナンスの修士号を修得した私は、トレーダーになるために必要なすべてを身に付けたと思っていた。適切な教育と、正しい労働倫理と、市場に対する情熱だ。

　しかし、私は間違っていた。

　経歴で見れば、私は金融市場で活躍できそうだった。しかし、実際にはトレードという食うか食われるかの世界で学歴などほとんど意味がなかった。

　本書は、当時の私が今の私に至るまでの経緯を話していく。

　しかし、私は今どのような状態なのだろうか。

　本書を執筆している今、私はトレードの勝ち日が39日続いている。また、私はTelegram（テレグラム）でトレードチャンネルを運営しているが、私のフォロワーは私が先月だけでも32万5000ポンド稼いだことを目撃している。このチャンネルではリアルタイムで仕掛

15

けから資金管理、ポジションサイズ、手仕舞いまですべてを遅延なく公開しており、すべてはフォロワーの目の前で、タイムスタンプ付きで行っている。

本書は、個人トレーダーだけでなく、すべてのトレーダーに必要だと信じられている誤った考えを一掃するために書いている。私も最初は多くの人と同じことをした。さまざまな指標やパターンやレシオに関する本を読みあさったのだ。しかし、トレードで利益を上げるという困難な挑戦の本当の答えは、実は私のなかにあった。これは、探そうとは思ってもみないところだった。

出だしは上々に見えた

私は大学を卒業すると、JPモルガン・チェースで働き始めた。トレード職ではなかったが、それに近い仕事だった。そして2000年には自宅でトレードを始めたが、1年半で資金が尽きた。

私はトレードで使っていた証券会社の社員のつてで、この会社で金融アナリストとして働き始めた。ただ、アナリストとは言ってもメディア向けのこけおどしで、仕事はテレビでこの会社を売り込むことだった。私はテクニカル分析の専門家ということになっていた。

この仕事は2001年の夏に始めた。私が最初に顧客対応をしたのは、この会社のCEO（最高経営責任者）につれられて行ったロイヤルアスコット（社交界の大イベント）でのことだった。これは、大きな帽子をかぶった淑女と葉巻をくわえた紳士がシャンパンを飲みながら競馬を見るイベントだ。

このVIPイベントにはとびきりの上客のみが招待されていた。一流の顧客をアスコットに送迎する豪華バスのなかで、CEOは私を

新任の金融アナリストとして紹介して高らかに言った。「彼に何でも聞いてください」

ある顧客がマルコーニについてどう思うかと聞いてきた。マルコーニはFTSE100種総合株価指数の構成銘柄で、かつては高かったが、この12カ月で1200ペンスから450ペンスに下落していた。

「マルコーニは安いのかな」とルートンから来た薬剤師が聞いた。

このときは知るよしもなかったが、私はこのときの返答（と2〜3カ月後にテレビで似たような発言をしたこと）によって、のちにこの仕事をクビになった。ただ、それを知っていたとしても私の答えは変わらなかった。

> 「マルコーニなんてクズですよ。なぜ下落している株を追いかけるのですか。株式市場はスーパーマーケットではありませんよ。トイレットペーパーをセールのときに買えば得しますが、株は違います」
> 「トイレットペーパーが50％オフなら買うべきですが、50％以上下落した株は買う理由がありません。安いとか高いという概念は、週末に日用品を買うときには意味があっても、金融市場では通用しません」

私の言葉は、葬式での不謹慎な冗談のようにその場を凍りつかせた。そして、意見を言い終える前に、上司が私をにらみつけていることに気づいた。ここにいる顧客はみんなマルコーニ株を買っており、大金を失いかけていた。

その年の後半に私はCNBCの番組に出演し、マルコーニのチャートを分析するよう依頼された。その時点で、マルコーニは1200ペ

ンスから32ペンスに下落していたが、それでもこの株を買っている人たちがいた。私は、チャートパターンに基づけばマルコーニはゼロになるだろうとコメントした。

いくつかの地方紙が私のこの発言を取り上げると、2〜3日後に私は勤めていたファイナンシャル・スプレッズの親会社であるスポーティング・インデックス（スポーツ系のブックメーカー）に呼ばれた。CEOは私に、マルコーニに関するコメントを「あのインターネット」から削除してくれないかと言った。

結局、マルコーニの株価はゼロになり、私は別の仕事を探すよう告げられた。幸い、クビになった同じ日にシティ・インデックスが雇ってくれた。私はこの会社のトレーディングフロアで7年間働いた。そのあと2009年にリストラされ、それ以降は個人トレーダーとして活動している。

それから12年間、私は自分の技術を磨いてきた。私は証券会社が言うところのハイステークトレーダー（大きなリスクをとるトレーダー）になった。平均的な個人トレーダーがとるリスクは1ポイント当たり平均10ポンド程度だが、私は100〜3500ポンドをとっている。

ボラティリティが高い日は額面で2億5000万ポンドのトレードをしたこともある。わずか7秒で1万7000ポンド以上稼いだこともあれば、8秒で2万9000ポンドを失ったこともある。

これほどの金額を賭けると、感覚が研ぎ澄まされる。もちろんうまくいけば素晴らしいが、逆行すればかなり苦しい。

本書は、2009年2月に会社をクビになった金融ブローカーが、高額を賭けるハイステークトレーダーになるまでの道のりを紹介したものだ。ただし、これは普通のトレード本ではない。

普通のトレード本ではないのか

　トレード本ならばすでにたくさん出ている。私がもう1冊書く必要はない。テクニカル分析についてならば何冊か書けるが、テクニカル分析で金持ちになれるわけではないことも分かっている。それどころか、良いトレーダーにすらなれない。

　私は本を執筆しようと思ったことはなかったが、ある日YouTube（ユーチューブ）のドキュメンタリーを見ていると、1本の広告が流れ、そこに出てきた顔には見覚えがあった。

　彼は、私がロンドンのシティ・インデックスでトレーダーをしていたときに開催したテクニカル分析の講演を何回か聞きにきていた。その彼が今、自分の講座を受ければ、金融市場の秘密が明らかになると勧誘しているのだ。

　彼は、プロのようにトレードしたければ、必要なのはこの講座だと断言した。

　実は、私の友人がこの講座に参加していた。彼によると、週末にロンドンの豪華なオフィスで開かれた講座は満席で、自称カリスマが次々とチャートを見せると、それを希望に満ちた受講者が一言も聞き逃すまいと真剣に聞いていた。

　受講者に批判的思考はなく、だれも疑問をはさまなかった。日曜の夜に会場をあとにするときには、みんな次の金曜日には大金を手にしていると思っていた。

　この講座のテキストを見たが、よくあるテクニカル分析の教科書を何百ページもコピーしたような資料だった。独自の発想はなく、テクニカル分析に何かしら貢献するような要素もなかった。

　これならば、インターネットで2〜3時間も探せば、だれでも無

料で手に入れることができる。しかも、参加した友人によれば、講師は個人指導や上級講座の宣伝も怠らなかった。

できる人は自分でやる

昔から、「できる人は自分でやる。できない人は他人に教える」と言われている。

しかし、私はそうは思わない。「できる」うえに「教える」人もたくさんいる。どちらか択一ではない。優れた「できる人」の多くは、その知識を周りの人たちに伝える使命があると考えている。シティ・インデックスで働いていたとき、私はテクニカル分析の権威とまではいかなかったが、ほとんどの顧客よりはよく知っていた。そのため、私は毎晩のように顧客やホワイトレーベル（自社ブランドで商品・サービスの提供をしているバークレイズ銀行、ハーグリーブス・ランズダウン、TDウオーターハウスなど）にテクニカル分析を教えていた。

私は知識を伝えるのを楽しんでいたし、その知識を最大限活用していた。しかし、テクニカル分析はそもそも正しい行動をする訓練ができていなければ無意味だということに、当時はまだ気づいていなかった。

法外な値段で週末の講座を開いている「カリスマ」に対する最大の不満は、彼らが結果ばかりを強調していることだ。彼らはヘリコプターやプライベートジェットと一緒に写した写真を見せ、トレードは簡単にマスターできることで、秘密さえ分かればATM（現金自動預け払い機）のようにお金をいくらでも引き出せるなどと言って勧誘する。その一方で、彼らが自身の評判をかけてトレード結果

をリアルタイムで公表することはほとんどない。結果はいつも過去のもので、負けトレードについて語ることはない。これによって、負けはめったに起こらないことのような幻想を与える。

しかし、バカ高い週末の講座から帰宅した参加者は、月曜日の朝にパソコンの前に座って実際に動いている市場を目にしたとき、初めてそれが事後のチャートではないことに気づく。そして、トレードはカリスマが講座で語ったほど簡単ではないことを痛感することになる。

そこで、私はトレード業界で売られている無価値本——マーケティングが99％で、トレードについては１％しか書いていない本——に対抗する本を書いた。自称カリスマは、疑いを持たない人たちに教えを説き、悲しいことに読者はそれを信じる。しかも、教えるほうも教わるほうも全体の10％しか理解していないことに気づいていない。

そして何よりも、本書ではカリスマたちがけっして教えないことでトップトレーダーになる方法について書いていく。

本書を執筆中に、私は故郷のデンマークでも別のテクニカル分析講座の広告を見かけた。しかし、その主催者は、ほんの１年前にフォロワー向けのコピートレード口座（フォロワーが同じトレードができるようになっているトレード口座）で資本の35％を失って口座を閉鎖した人物だった。

テクニカル分析の問題はここにある。学ぶのは簡単だが、金融市場でこれさえあれば大金持ちになれるなどと宣伝すべきではない。今回の広告の「カリスマ」も、市場で儲けるにはテクニカル分析さえ学べばよいと謳っていた。

現実の世界がそんなに簡単だったらよかったが、そうではない。

テクニカル分析が役に立たないのならば、何が必要なのか

　ヨーロッパでは、個人向けにトレードサービスを提供する証券会社は顧客が被った損失の割合を公開することが法律で定められている。

　業界の大手のウェブサイトをいくつか調べたところ、顧客の約80％が資金を失っていた。

　私はある証券会社に電話をかけて、この数字の算出方法を聞いてみた。すると、この数字は四半期ごとに算出されており、顧客のトレード口座の残高を３カ月前と比較して、減っている口座の割合を示していることが分かった。

　もしトレードを探求するために必要なのがテクニカル分析を学ぶことならば、損失を被っている人の割合が80％になるわけがない。ちなみに、友人が参加した講座の自称カリスマもブローカー会社を所有しており、口座の参加者を勧誘していた。そこでこの会社も調べてみた。

　失敗率は80％を超えていた。

　彼の顧客がみんなひどいトレーダーなのか、彼がひどい先生なのかのどちらかだ。

　私は顧客とカリスマの両方を救うために宣言する。利益を上げるトレーダーになるためには、テクニカル分析以外に身に付けておくべきことがたくさんある。

　こうして私は本書を執筆することにした。今の私になるまでの道のりを紹介するためだ。私はこの20年でテクニカル分析やトレードテクニックに関するたくさんの本を読んだ。しかし、個人的にはそ

のほとんどが退屈で無意味だと思った。

　これらの本に載っているのは完璧なチャートの例ばかりだ。これは読者を錯覚させる。彼らは、みんなと同じことしか言わない著者の自慢話と、実際とは似ても似つかないチャートを信じてしまう。そのため、実際にトレードを始めると不意打ちをくらうことになる。

　もちろん例外もある。テクニックや戦略について書かれた優れた本もあるが、ほとんどが役に立たない。多くの著者が完璧なトレード例のみを示さなければならないという幻想を信じているからだ。

　そして、それを読んだ人はトレードなんて簡単だと錯覚してしまう。しかし、失敗率が80％に上るトレードという仕事に、簡単な要素などないと言ってよいだろう。

　それに、例えば歯科医の失敗率が80％ならば、廃業を余儀なくされるだろう。実際、こんなに失敗をする歯科医なんていない。

YouTubeで100万回再生

　私は世界的な証券会社に依頼されて、自宅トレーダーの日常について話をすることになった。私の話は2～3時間に及び、それを彼らが録画した。タイトルは少し刺激的なものにした。

「普通では稼げない」

　昨年、この証券会社からeメールが来た。私の動画の再生回数が100万回を超え、再生回数2位の動画の5倍以上になっていると書いてあった。

　これは、本書の執筆に自信を与えてくれた。私のメッセージが、従来のトレードの教えを超えた内容を望んでいた視聴者の共感を得たことが分かったからだ。

本書はトレードテクニックに関するものではないが、テクニカル分析などの分析方法がなくてもトレードができると主張しているわけではない。

　仕掛けや手仕舞いや損切りには、何らかのリズムや理由があるはずだ。

　ただ、テクニックだけで大金を稼げるわけではないことも言っておきたい。分析するだけでは目指す場所に到達できない。トレードをするからには、それなりの副収入を得るか、もしかすると本業にすることを望んでいるのだろう。

　トレードでは、普通の思考パターンや普通の性質を持つ普通の人に大きく稼ぐチャンスはない。つまり、普通ではうまくいかないのだ。

　『欲望と幻想の市場——伝説の投機王リバモア』（東洋経済新報社）はトレードについて書かれた傑作だが、トレードテクニックについては一言も書かれていない。

　ここで少し考えてみてほしい。地上30センチの高さにある綱渡りならば、だれでも渡ることができるようになる。しかし、それが地上30メートルの高さだったとしたら、渡れる人は非常に少ないだろう。

　それと同じで、トレードも１単位ならば勇気を持って積極的に仕掛けられるが、10単位や100単位になっても明確に考え、感情を抑えてトレードできるだろうか。

　本書を読んでも100単位のトレードがうまくいくようになるとは約束できないが、私がこのようなサイズでトレードできるようになった過程を明かしていく。

　この過程について、私はすべて紹介する。トレーダーとしての生

活については、日常的なことから刺激的なことまで、あらゆる側面について書いた。また、常に良いトレードができる状態にしておくために毎日、毎週、毎月、毎年、行っていることも詳しく紹介している。

　ただ、大事なことをここで宣言しておきたい。書くのは体裁のよいことばかりではない。トレードはとてつもなく難しい仕事で、ほとんどの人の精神力では太刀打ちできない。ただ、正しい戦い方が分かれば、想像以上の報酬を得ることができる仕事でもある。

　つまり、本書はトレードというゲームの戦い方を説明している。

　これが本書が目指すところだ。ここまでの話が万が一、気に入らなければ、ここで本書を閉じてYouTubeやTikTok（ティックトック）でフェラーリに乗っている20歳のトレードコーチにトレードを習えばよい。

　しかし、もしトレードや生き方について長期的な変化を望むならば、読み進めてほしい。安定したトレーダーに生まれ変わると、その変化は人生のほかの部分にも浸透していく。自分自身のことを深く理解すると、自分をより向上させるためにできることも分かる。そして、最終的にはトレード口座のお金が増えるだけでなく、充実した心躍る人生を歩むことができるようになれると思う。

第1章
ライアーズ・ポーカー

Liar's Poker

　私のトレーダーとしての道のりは、『ライアーズ・ポーカー』（パンローリング）という本に出合ったときに始まった。インフルエンザで学校を早退した私に、父が図書館で借りてきてくれた本の1冊だった。

　この本は、マイケル・ルイスがかつてのウォール街を描いた作品である。ルイスは、映画化されて大ヒットした『世紀の空売り――世界経済の破綻に賭けた男たち』（文藝春秋）の著者でもある。

　ライアーズ・ポーカーのなかで、ルイスは1980年代の債券トレーダーの異様な日常を描いている。彼の言葉を借りれば、これは金融業界の貪欲さを後世に伝え、この業界で働きたいと思っている若者への警告である。

　しかし、これは逆効果だった。おそらく何千人もの若者が私のようにこの本を読んでウォール街を目指そうと思ったはずだ。

　主人公はアメリカ人の若者で、イギリスのロンドン大学で学んだあとアメリカの投資銀行で働くことになる。本には、彼が経験したトレーディングフロアでの仕事やそこで見た大物トレーダーについて書かれている。

私は夢中になって読み、トレードこそ自分の仕事だと思った。それ以来、たくさんのトレード本を読み、多くはライアーズ・ポーカーよりも具体的にトレードについて書いてあったが、最初の1冊としてこれ以上の本はなかったと思っている。

　この本を読んで私の人生は変わった。目が覚めたのだ。スケートボードとサッカーを愛する私が、集中力と行動力を持つ人間に変わった。自分の天職を見つけたのだ。

　私は必要な学位を得るために、ヨーロッパのいくつかの大学に願書を出した。当時、私は年金基金の研修生として働いていたが、この本を読んで、そこが私の最終目的地ではないと分かった。

　私はイギリスの大学に合格したが、問題があった。学費のあてがなかったのだ。私は学費を捻出するため朝から晩まで働いた。日中は年金基金で働き、そのあとスケートボードで8キロ先の遊園地に行って夜中の1時まで働いた。

　また、デンマークで手に入る金融情報をできるかぎり読み込み、語学力を高めるために英語の本を読んだ。

　私の家族はあまり協力的ではなかった。私がイギリスに出発する日でさえ、空港には独りで行った。しかし、あとになって私の長年の苦難や努力を理解してくれた。姉は、初めて私をテレビで見たときは緊張したと言っていた。私が言葉に詰まらないか心配したようだ。

初めての大きなトレード

　金融市場には、私の初めての投機を完璧に言い表す格言がある。「才能と運を混同するな」。金融市場のことは何も分かっていなかっ

たが、このとき私はとてつもない幸運に恵まれた。

大学に合格してすぐの1992年9月、私はそれまでの3年間、学費と生活費を稼ぐために必死で働いたが、それでも少し足りなかった。そこで、不足分は休日に働いて補おうと思っていた。

私がイギリスに出発するための荷造りや準備をしていたとき、金融市場では歴史的な嵐が吹き荒れていた。

当時、イギリスはERM（欧州為替相場メカニズム）のメンバーだった。これは、EU（欧州連合）の前身であるEEC（欧州経済共同体）が為替変動を調整して各国通貨を安定させる目的で導入した制度だった。

イギリスは1990年にERMに参加したが、1992年には不況に陥っていた。イングランド銀行にとって、英ポンドとヨーロッパのほかの通貨のレートを狭いレンジにとどめておくのは極めて困難だった。投機筋はポンドがかなり割高になっているとみて、激しく売っていった。

ある日、私はデンマーククローネをイギリスポンドに交換するため、預金している実家近くの銀行に行くと、金融市場では大事件が起こっていた。それがブラックウエンズデーだった。

1992年9月16日、イギリスはERMの定めるポンドの下限を守れなくなり、ERMから離脱せざるを得なくなった。

ウィキペディアには、ブラックウエンズデーについて次のように書いてある。これを読むと、この事件が22歳のトレーダー志望の青年を大いにあと押ししたことが分かる。

　　1992年9月15日の火曜日に、ソロス率いるクオンタム・ファンドがイギリスポンドを激しく売りたたいた。ERMでは、イン

グランド銀行はポンドの売り注文をすべて受け入れなければならないと規定していた。しかし、イングランド銀行は取引時間内の注文のみを受け付けていた。翌朝、ロンドン市場で取引が始まると、イングランド銀行は総裁のロバート・リー・ペンバートンと財務大臣のノーマン・ラモントの指示によってポンドを懸命に買い支えしようとした。

イングランド銀行は、午前8時30分までに3億ポンドの買い介入を2回行ったが、ほとんど効果はなかった。介入が失敗したのは、ソロスのクオンタム・ファンドの売りがはるかに勝っていたからだった。そのあともイングランド銀行の買いとクオンタム・ファンドの売りの攻防が続いたが、ついにラモントがジョン・メージャー首相にポンド買いは失敗だと告げた。

9月16日午前10時30分、イギリス政府は投機筋のポンドの買いを促すため、すでに高かった金利を10％から12％に上げると発表したが効果はなかった。政府はこの日、金利をさらに上げて15％にすると表明したが、これが持続しないと見たポンド売りは止まらなかった。

この日の午後7時、財務大臣のノーマン・ラモントは、イギリスがERMから離脱し、金利を12％で維持すると発表した。しかし翌日、政府は再度利下げして金利は元の10％になった。

もちろんこんなことが起こっていることを当時の私は知る由もなかったが、この件は私の学費に大きな影響を及ぼした。もしポンドに交換するのが2〜3日早ければ、1ポンドにほぼ12デンマーククローネ支払う必要があった。しかし、まったくの偶然ではあったが、近代で最大級の通貨暴落によって、私はポンドを約9デンマークク

ローネで買うことができた。

　私は4000ポンドの余剰利益を手にした。学費と家賃の年間予算は2500ポンドだったが、「ソロスおじさん」のおかげで借金をしなくて済んだ。

　この日はブラックウエンズデーと呼ばれているが、むしろ「ゴールデンウエンズデー」だったとする歴史家も多くいる。安いポンドが多くの投資を呼び入れ、イギリス経済が急成長するお膳立てをしたからだ。

パリのホットドッグの値段

　この日、人生を変える金額を手に入れたのは私だけではなかった。ジョージ・ソロスは10億ドルを稼ぎ、歴史に残る投機家としての名声を確立した。

　ちなみに、1992年９月の運命の日よりも前にポンドとそれ以外のヨーロッパ通貨の価値の明らかな差に気づいたのはソロスだけではなかった。この人物はトレーダーではなく、イーストロンドンで印刷会社を所有していた。ここでは、かのイギリス人と呼んでおこう。

　私がロンドンのシティで働き始めたとき、ある顧客がフランスで休暇を過ごしたときの話を聞いた。彼はパリに行き、エッフェル塔の近くの屋台でホットドッグを買った。

　支払いのときになり、あまりの高さに、かのイギリス人は店主が法外の値段を吹っ掛けようとしていると思った。

　しかし、店主はこれがパリの相場だと言う。そこで、かのイギリス人は本当にだまされていないか確かめるために、ほかの場所でもホットドッグを買ってみた。値段は同じだった。

そこで、われらがイギリス人は１人で小売業史上最も偉大な賭けの準備を始めた。彼はパリのスーパーマーケットに行って食品や飲料や日用品の価格をメモしていき、フランが大幅に過大評価されていると結論づけた。それから、口座を持っている証券会社の若いブローカー（のちの私の上司）に電話をかけた。

　私の上司はこの顧客が預金残高を5000ポンドから800万ポンドに増やしたエピソードを語るのが大好きだった。かのイギリス人はフランスフランが救いようのないほど過大評価されていることを調べ上げ、それによって膨大な利益を上げたのだ。

　このエピソードを紹介したのは良い話だという以外に、本書の内容にも通じるところがあるからだ。もしこのイギリス人がのちにその利益以上の金額を失うことがなければ、これは素晴らしい物語だった。

　トレードで成功するということは、利益を上げるだけでなく、それを失わないことではないだろうか。

　勝ったときに脳の化学物質に起こっていることを99％の人が知らない。しかし、このことに気づき、抑制しなければ、判断を下すときに悪影響を及ぼすことになる。

経済理論と経済史

　大学では、必要な経済理論を学んだ。金融市場の構造や、現在の経済理論が私たちを取り巻く世界をどのように説明しているのかといったことだ。

　しかし、大学でトレードのやり方は教えてくれなかった。モメンタムや心理やセンチメントがいかにして金融市場に多大な影響を及

ぼしているかも教えてくれなかった。私の学士過程は、現実の世界でトレードする準備にはならなかった。そこで修士課程に期待したが、業界に関する知識は増えたものの、やはり市場は私にとって大きなミステリーだった。

経済システムのなかの多くの構成要素が一定だと仮定して特定の変数の値を変えてみるという発想は、私にはしっくりこなかった。当時、そのことを意識していたわけではないが、私の世界の見方は違っていた。

私は、市場が効率的だとは思っていなかった。むしろ、市場はまったく合理的ではないと確信していた。市場を動かしているのは人であり、人に備わっていないものといえば、ストレス下での合理性や論理性だ。

金持ちの恐慌

私は、経済モデルの勉強よりも経済史の勉強のほうが楽しかった。転機となったのは、1903年の金持ちの恐慌と1907年の恐慌について学んだことだった。私は、ウォール街の著名な投機家であるバーナード・バルークが、鉄道株買い占めの失敗を正確に予想して莫大な利益を上げたことを知った。

買い占めとは、ある集団やシンジケートが株価をつり上げてうわさを流し、無知な投資家を誘い込み、遅れて参入した人たちに売り付ける手法だ。今ならばポンプ・アンド・ダンプとも呼ばれている。ゲームストップ株のケースにも少し似ている。

私の印象に残ったのは、バルークがこの出来事をどう正確に予想したのかということだった。彼はまず、さまざまな人気銘柄を空売

りした。シンジケートが株価操作を続けるためには資金を調達する必要があると考えたからだ。それが的中して株価は急落した。ダウ平均は2～3カ月で49％も下落し、バルークは莫大な利益を得た。

それ以来、私は経済モデルの勉強に身が入らなくなった。柔軟性がなく、理論的すぎる概念だと感じたからだ。人は必ず合理的に行動するという前提は、間違っている。

人が常に合理的に行動するなどということはけっしてない。本書を執筆している今、目の前のモニターではダウ平均が500ポイント下がり、DAX指数も250ポイント下げている。理由は、世界中にコロナウイルスという強いウイルスが広がっているからだ。すでに80人が亡くなっている。

ただ、市場が気にしているのは亡くなった80人のことではなく、状況が悪化するかどうかだ。市場では、経済状況を織り込んだ感覚がすべてなのである。私はウイルスに関する基本的な知識を理解していないし、その必要もない。

私の仕事はウイルスの影響を理解することではなく、市場参加者たちがどう感じているかを理解することである。彼らは恐怖を感じており、私はそのことに気づいている。そうなれば、もちろん売りだ。ただ、売っているのはウイルスが世界経済に悪影響を及ぼすと思っているからではない。売ったのは、多くの人が何か悪いことが起こると考えているはずだと考えたからだ。

何が起こっても、私の仕事はセンチメントを正しく読み、自分の感情を抑制しておくことに尽きる。

これが、本書で伝えたいことだ。強気相場や弱気相場は理論的に説明できる。根底にある経済の健全性によって市場は上下するからだ。しかし、デイトレーダーとしての私は、経済理論では説明も、

考えることもできないようなことでも柔軟に考える必要がある。

　また、ケニー・ロジャースが「ギャンブラー」で歌っているように、「いつ我慢して、いつやめるか」を知る必要がある。しかし、私はギャンブラーなのだろうか。もしイエスと答えたら、刺激を求めてカジノに行く人と変わらないと思うかもしれない。

　私は平均的なプロのサッカー選手よりも稼いでいるが、それは私に市場を読む特別な才能があるからではなく、自分の感情をコントロールすることを学んだからだと言ったらどう思うだろうか。

　私は感情のない反社会的人間ではない。私にも感情はある。愛したり、泣いたり、心を痛めたり、嘆いたり、大笑いしたり、微笑んだりする。性格が良くてもトップに上り詰める人はいる。ただ、そのためにはトレードするときに99％の人たちとは違う考え方をする必要がある。そのことについては少しあとに書く。

JPモルガン・チェース

　私は大学を卒業すると、銀行や金融機関で大学院修了者向けの求人に多く応募した。夢見ていたトレーダー候補生の仕事にはありつけなかったが、チェース・マンハッタン銀行（のちのJPモルガン・チェース）で良い仕事に就くことができた。

　これは貴重な経験になった。私はやる気満々で仕事を始めた。アメリカの投資銀行で働く機会を得たことは、私にとって最高の出来事だった。

　私は、金融市場への熱意を仕事につぎ込んだ。私の仕事はポートフォリオ分析とパフォーマンスのベンチマーキングだったので、毎日、金融市場が目の前で展開していくのを観察することができた。

私の席は、たまたまブルームバーグの端末の隣だった。私はこの画面を見るのが大好きで、土曜や日曜も会社に行って分析やトレードのエピソードを読んだりデータをダウンロードしたりしていた。

　アメリカ系の銀行で働くメリットは、労働倫理が典型的なヨーロッパの会社とはかなり違うことだった。この20年で変わったかもしれないが、私がJPモルガンで働いていた当時は、好きなだけ残業することができた。

　私はJPモルガンで３年弱働いたが、月の残業時間が40時間を下回ったことはなかった。この仕事は法医学レベルに細かい注意力が求められるが、私は長時間でも集中できるようになっていった。

　この銀行を辞めたとき、私はすっかり仕事人間になっていた。これは自慢できることではないが、私が成功した理由は突出した知性ではなく、私の労働倫理によるものだという事実を隠すつもりはない。私は多くの人よりも長く働き、自分の望みをかなえるために、犠牲を払った。

　私の姿勢はアメリカの海軍特殊部隊（シールズ）のモットーに似ている。「やるべき価値があることは、やりすぎる価値がある。節度などと言うのは臆病者だ」

　そして、やっと夢がかなった。私は初めてトレーディングフロアに足を踏み入れた。

第2章
トレーディングフロア

The Trading Floor

　トレーディングフロアに入るのは、特別な経験だった。大学を出たあとトレード職の面接を受けたときのことは今でもはっきりと覚えている。これはスウェーデン系のハンデルス銀行の面接で、トレーディングフロアで行われた。面接したのはトレード部門の責任者だった。

　面接が始まっても彼は気もそぞろで、私は彼にとって間の悪い邪魔者でしかなかった。私もトレーダーになってからそのようなことが何回もあったからよく分かる。市場で大きなポジションを持っているときに、トレード以外のささいなことに対処しなくてはならないのは非常に辛い。

　2018年のボクシングデー（クリスマスの翌日）がその好例だった。ダウ平均が1日で史上最大の上昇を見せたこの日、私はクリスマスプディングを食べながらトレードしていた。私は食事会の主催者の気分を害さないよう携帯電話を食卓の下に隠し、トイレに行くふりをしてチャートを確認しながら、別の電話でトレードのプラットフォームを操作していた。

　紆余曲折を経て、私はついにファイナンシャル・スプレッズのト

レーディングフロアで働くことになった。当時の私は、同僚たちとはかなり違う姿勢で臨んでいた。彼らの多くが本書を読むことを知っているので、彼らがだらけていたと非難するために書いているのではないことは言っておきたい。私には学ぶべきことがたくさんあった。その一方で、市場に動きがないときにはブローカーがすべきことはあまりなかった。

トレーディングフロアでは、座って新聞や漫画を読んでいる人たちもいた。電話が鳴らなければ、ブローカーがすることはない。通常の事務職と比べると、このことが私にとっては最大のカルチャーショックだった。

トレーディングフロアでの仕事は、最初は怖かった。しかし、何カ月かたつと高額の取引にも慣れ、大金も画面上のただの数字になった。それでも、ある朝6時に画面を見ると、ロシアのある顧客の口座が損失を被り、1000万ドルの追証になっていた。私は瞬時にこれが自分の今の給料の133年分だと頭のなかで計算をした。この顧客は7時にはこの金額を送金してきた。彼は個人トレーダーだった。私は畏敬の念を抱くとともに、大いに刺激を受けた。

トレーディングフロアには独特の雰囲気があった。忙しいとき、ここは巨大な感情のるつぼになった。あるときは、同僚がパソコンを激しく何回も蹴りつけたため、ITエンジニアがあわてて交換しに来たこともある。

トレーディングフロアで起こっていることを見ただけで、金融市場の複雑な構造を理解するのは難しい。見た目には、世界中のどの町にもある土曜日の朝市で、出店者たちが周りの店に負けないよう大声で客に呼び掛けている様子と似ている。

トレーディングフロアで繰り広げられるむき出しの感情を見てい

ると、近代の社会と文明を構成している緻密なグローバル経済の環境とどう適合しているのか分からなくなる。

　ここには、衝動買い、パニック売り、塩漬け、負けを認めない、強欲、愚かさ、頑固さ、絶望、涙、大恐慌、高揚感、興奮などがすべてあり、それらが次々と起こっては消えていく。

　私はファイナンシャル・スプレッドで1年間働いたあとクビになった。しかし、同じ日に私はICAP（世界最大の米国債ブローカー）傘下のシティ・インデックスにヘッドハントされた。

　シティ・インデックスには約2万5000人の顧客がいて、そのうちの3000人はほぼ毎日活発にトレードしていた。彼らは通貨、商品、株価指数、個別株、オプション、債券とその関連商品をトレードしていた。ここで私は何千人もの人たちが何千万回もトレードを執行するのを目にした。しかし、そのなかに並外れた人はほとんどおらず、いたとしてもそれは悪目立ちしていただけだった。成功談よりも、恐怖の失敗談のほうがはるかに多かった。

優れたトレーダーは記憶にない

　最近、私はロンドンのトレード会社でCEO（最高経営責任者）をしている友人と話をした。彼に、トレーディングフロアを30年見てきたなかで、並外れた人はいたかと質問した。すると変わった人はたくさん見たが、優れたトレーダーはほとんどいなかったという答えが返ってきた。

　仕事人生のほとんどをトレーディングフロアで過ごしてきた彼でも、うまくいっていたトレーダーを思い出せないというのだ。成功するトレーダーの割合がこれほど低いならば、そもそもトレーダー

になりたい人などいるのだろうか。あるいは、この仕事がうまくできるようになる人はいるのだろうか。彼との会話は次のようなものだった。

私 君はCFD（差金決済）業界で30年働いて来た。優れたトレーダーも見かけたと思う。彼らについて教えてくれないか。

友人 残念ながらいなかった。大金を稼いだトレーダーはたくさんいたが、そのお金を失わなかった人はほとんどいなかった。私がこの業界に入ったとき、CFDは主要な投資手段ではなかったし、CFDの口座を持っているのは、ほとんどが富裕層か金融業界で働いている人たちだった。当時の顧客は学閥や社内派閥などといったネットワークを組んでトレードしていた。つまりほとんどが特定の株や商品をトレードしていた。当時のトレードは、現在のような利益が上がるものではなかった。

私 なかには優れたトレーダーはいたのか。

友人 いたとは言えない。顧客のなかにはシティの有名人もいたが、ヘッジファンドのトレーダーやファンドマネジャーでも個人でやっていたトレードはひどいものだった。自己資金のトレードになると、規律をなくしてしまうみたいだ。あんなやり方は、顧客の資金をトレードするときには禁じられていたはずだ。

今は小口トレーダーがたくさんいるが、小口でも大口でもトレードのパターンは驚くほど似ている。ほとんどの顧客は負けトレードよりも勝ちトレードのほうが多い。それをもって良いトレーダーと言うこともできる。

ただ、彼らの負けトレードの損失は、勝ちトレードの利益よりもはるかに多い。1ポンドにつき約1.66ポンド負けている。

私　そんな状況で、CFDブローカーはどうやって事業を続けていくのか。

友人　信じてもらえるかどうか分からないが、私たちは顧客に勝ってほしい。私はCFD業界に知り合いが多く、定期的に同業他社のCEOとも会っている。ライバルで常に競い合っているが、共通点もある。どの会社も顧客にもっとうまくトレードしてほしいと願っているよ。

　私たちはできるかぎり顧客を助けている。ありとあらゆるツールを提供し、スプレッドを優遇し、ニュースサービスや洗練されたチャートパッケージやデータやパフォーマンスを測定するための分析ツールも与えている。

　要するに、私たちは彼らが利益を上げるためのツールをすべて提供したうえで、トレードしてもらっている。ただ、問題は小口口座の多くが短期間で資金が尽きてしまうことにある。

　信じてほしいが、そうならないでほしいと思っている。ブローカーとして顧客のためにこれ以上何ができるのか分からない。私たちは顧客に儲けてもらったほうがよい。勝てばトレードを続けてくれることは分かっているからだ。そのほうが会社のためになる。

　実のところ、安定的に利益を上げるトレーダーと普通のトレーダーには明らかな違いがある。両者のアプローチはかなり違う。

私　自分がしていることを分かっているトレーダーをどうやって見分けるのか。

友人　見るべきところはたくさんある。最も重要な5つに絞るとすれば、次のようになる。

1．トレード口座の金額
2．トレードの頻度

３．勝ちトレードと負けトレードの保有期間の比率

４．勝ちトレードに増し玉するか、負けトレードに増し玉するか

５．損切りを置いているか

　100ポンド以下でトレード口座を開設した人は、残念ながらその資金を失う可能性がかなり高い。何でもかまわずトレードするトレードしすぎる人も、いずれ資金を失う。

　勝ちトレードを保有し続けられず、負けトレードは保有し続ける人も、いずれ資金を失う。

　勝ちトレードに増し玉する人は、良い意味で私たちの注意を引くが、負けトレードをナンピンする人がいずれ資金を失うのはほぼ間違いない。

　損切りを置かないでトレードしている人も同じ道をたどる。残念ながら、そういう人は常にいる。

　このように、私たちブローカーは顧客が利益を上げるためできるかぎりのことをしているが、人とはどんな方法を用いても自分を破綻させてしまうものらしい。

20年前の状況

　私は最高かつ最安のトレードができるブローカーを常に探している。単純に１ポイントのスプレッドで済むのに1.5ポイント支払う必要はないからだ。私は仕事としてトレードしているため、トレードコストはできるだけ低く抑えたい。

　私は、ドイツのDAX指数をよくトレードしている。今日、私はDAXのトレードで0.9ポイントのスプレッドを支払っている。

　しかし、20年前にトレードを始めたとき、DAX指数のデイトレ

ードのスプレッドは6〜8ポイントだった。同様に、ダウ平均には8ポイント支払っていたこともはっきりと覚えている。

　もし3月限や6月限や9月限や12月限ならば、スプレッドは16ポイントだった。当時のダウ平均は約1万ドルだった。今日、ダウ平均は約3万5000ドルになっているが、私が支払うスプレッドは1ポイントだ。

　トレード環境は、1999年よりも2020年のほうがずっと良くなっている。当時は利益を上げるのが今よりもずっと難しく、トントンにするだけでも市場がかなり順行する必要があった。

　ほかにも、今日トレードを始めれば、ブローカーがツールを提供してくれるというメリットがある。しかも、今日のトレードプラットフォームはどれを見ても顧客に利益を上げさせるためにブローカーがどれほど努力しているかが分かる。

　テクニカル分析のさまざまなツール、ニュース速報、オンラインコースやウェビナーで学ぶチャンス、世界中の株の板情報などがアクセスできるようになっている。

　直近の気配値も分かる。今日、個人トレーダーが使っているツールを30年前の機関投資家が見たら、うらやましがるに違いない。

　また、今日のトレーダーは膨大な数のテクニカル指標のなかから、好きな分析ツールを自由に使うことができる。ボリンジャーバンド、ケルトナーチャネル、移動平均線だけでなく、私が聞いたことも使ったこともないものもある。

　世界中のブローカーは、顧客にできるかぎり多くの利益チャンスを提供するために、あらゆる努力をしていると言っても過言ではない。

　しかし、その努力もむなしく、ほとんどの顧客が失敗している。

トレード業界の失敗率は天文学的に高い。だれも統計に抗うことは
できない。

普通では負ける

　一般の投資家のトレードに対するアプローチは本質的に何かが間
違っている。社会で暮らす人はほとんどが精神的に安定した普通の
人たちで、性格の違いはあるとしても、行動パターンはかなり似て
いる。

　ゆりかごから墓場まで、朝から夜まで、今年から来年まで、平均
的な人の思考パターン、行動パターン、希望や夢のパターン、恐怖
や不安のパターンは驚くほど似ている。私たちは、そういう人を普
通と言う。

　もし普通がよくあるパターンで、普通の人がCFDブローカーで
口座を開設して遅かれ早かれ資金を失うことになるならば、普通は
単純にみんなということになる。つまり、普通の人はみんな負ける
ことになる。

　これは言いすぎだろうか。実は証拠がある。まずは、個人トレー
ダーのなかで典型的なCFDトレーダーの平均的な行動を見てみよう。

　ブローカーがあらゆるツールを提供してくれていても、金融市場
の統計を逃れることはできない。ある種の体系的な訓練を受けるか、
目指す道をすでに歩んでいる人に教わるか、トレードについて真剣
に考えなければ、金融市場では失敗する可能性が高いということだ。

　EU（欧州連合）のブローカーのウェブサイトは、失敗率を公表
している。EUのブローカーはこの比率をウェブサイトの最初の画
面に掲載することが法律で定められている。世界的に知られている

図表2.1

ブローカー	失敗率
IGマーケット	75%
マーケット・ドット・コム	89%
CMCマーケット	75%
サクソバンク	74%
FXPro	77%

注＝2019年11月7日に調査

大手CFDブローカーが公表している失敗率を見てみよう（**図表2.1**）。

　自分は違うと思いたいのは分かる。しかし、金融市場の視点で言えば、あなたも統計的にはほかの投資家と同じなのである。

　世界でトップ10に入るブローカーの統計を見ても、内容は変わらない。CMCマーケットでも、IGマーケットでも、ゲイン・キャピタルでもそれ以外の大手あるいは準大手を見ても同じことで、失敗率が70％を下回っているところなどない。

普通では十分ではない

　ツールがあればトップトレーダーになれるわけではない。テクニックがあってもトップトレーダーにはなれない。良いトレーダーになったり、妥当なレベルの成功を手に入れたりしたければ、ツールやテクニックによってトレードで金持ちになれるという考えは即座に捨てる必要がある。

　もちろん戦略は必要だし、計画を立て、市場を理解しなければな

らない。しかし、本書の内容がツールや戦略でないならば、いったい何が書いてあるのだろうか。

　この質問を別の角度から見てみよう。この業界でブローカーやセールストレーダーやマーケティングをしている人たちの視点だ。

　彼ら自身はトレードしているのだろうか。

　おそらくしていない。つまり、トレーダーはそんな彼らからアドバイスや指針や訓練を受けている。自分よりもトレードがうまいわけではない人たちの助言に従っているということだ。

　これは、フレッド・シュエッド・ジュニアが書いた『**投資家のヨットはどこにある？**』（パンローリング）に通じるものがある。このなかに次のような一説がある。「ウォール街は世界中で唯一、電車やバスで通勤している人たちがリムジンやヘリコプター（時代に合わせて少し変更した）で訪れる顧客に助言するところだ」。つまり、多くの人が、トレードができない人たちにトレードを教わっている。

注力するところが違う

　トレードショーに行ったり、トレード雑誌を読んだり、ブローカーのウェブサイトでオンライン講座を受けたりすると、どれもトレードのハウツーに百パーセント注力している。

●スキャルピングのやり方
●スイングトレードのやり方
●デイトレードのやり方
●トレンドフォローのトレードのやり方
●FXトレードのやり方

●一目均衡表の使い方

●MACD（移動平均線収束拡散）やストキャスティックスの使い
　方

これは非常によくあることだ。トレードショーや雑誌は、多くの
人が金融市場で稼ぐために必要だと信じている解決策を提供するこ
とに注力している。ブローカーも同じことで、彼らがトレーダーが
必要としていると考える情報や、トレーダーも自分が必要としてい
ると考える情報を提供している。

トレードを始める人たちの多くは、彼らを間違った方向に導く可
能性が高い人たちの言うことに従っている。彼らは、トレードで他
を引き離すために必要なのはテクニックと戦略だと洗脳されている。
「多くの人と差別化するために必要なのは戦略ではない」という事
実はだれも教えてくれない。

実際には、トレーダーの戦略に対する考え方と、その戦略を順守
する能力がほかの投資家とは違う結果をもたらす。

ここまで読んで、これが本当に自分の正しい道かどうか戸惑って
いないだろうか。持てるすべての資源を、前を行くほぼ全員が失敗
している道に捧げることに戸惑っていないだろうか。

それは当然だ。自分がお金を稼いでいない90％のトレーダーとど
こが違うのかを、真剣に考えてほしい。もしあなたが普通の人、つ
まり多くの人と同じことをしているならば、成功するのは難しい。

普通ではうまくいかない

トレードショーの主催者に、講演を頼まれたことがある。会場は

ロンドンで、内容は任せると言われた。そこで、私はトレード業界の破壊的な失敗率について話すことにした。

　私は、CFD口座の90％が資金を失うが、それは人間の性質の問題だと話した。CFD口座を開設する人たちのほとんどは普通の考え方をする普通の人だという前提は妥当だと思う。それならば、普通に考え、普通に行動する人たちのトレードがこれほどうまくいかないのは、何かが根本的に間違っているということになる。

トレードで稼ぐのは昔よりもずっと簡単なはずだ

　20年前に比べてビッド（買い気配値）とアスク（売り気配値）のスプレッドがはるかに小さくなったことは前に書いた。つまり、理論的に考えてトレーダーが利益を上げるのはこれまでよりも簡単になっている。ところが結果はそうなっていない。

　今でも多くの人はトレードで利益を上げようと苦労している。本書の目的は、この難問の本質を見極めることにある。私が行っている方法は、次の４つの事実が基になっている。

1．トレードがかつてないほど簡単になった。ITインフラはトレーダーにとって最高の環境を提供している。
2．スプレッドはかつてないほど小さくなっている。
3．証拠金はかつてないほど少なくなっている。
4．さまざまなツールがかつてないほどすぐ使えるようになっている。
5．ブローカーはかつてないほど顧客にサービスを提供している。
6．株価指数はかつてないほど高いため、ボラティリティも高い。

　繰り返しになるが、トレード口座を開設する人たちは精神的に安定した普通の人たちで（侮辱しているのではない）、社会でも問題を起こさないような人たちである。

　私が問いたいこと、そして答えたいことは、普通の行動がどう見えるかということである。どうすれば、トレードするときに普通の行動をしないようにできるのだろうか。トレーダーの80〜90％が普通の人たちだとすると、普通の人たちがするような行動は避けたい。

あなたは普通か

　挑発的だが、本質的な質問をしよう。あなたはほかの投資家と同じように考え、同じようにトレードに取り組んでいるだろうか。

　もしそうならば、大いに問題があることになる。

　もしほかの投資家と同じように考えているならば、多くの人と同じ結果になるのはおかしなことだろうか。

　ここで、普通の行動とはどのようなことかについて見ていこう。

　普通の行動とは、次の新しいエッジを探して終わりのない学びのサイクルに入ってしまうことと言える。私は『**ライアーズ・ポーカー**』（パンローリング）を読んですぐトレーダーになりたいと思った。しかし、良いトレーダーがどのような行動をとるのかについて、正式な訓練は受けていなかった。なぜだろうか。私は良いトレーダーは安く買って高く売ると常に言われてきた。しかし、私が安く買うと、いつも株価はさらに下げていった。これでは助言になっていない。

　しかし、多くの人はトレードを始めるときにこう言われる。ただ、これが基本ならば、失敗率が90％しかないのは奇跡と言える。安く

買って高く売っていれば確実に破綻するのなら、失敗率は100％になるはずではないか。

　たくさんの人が秘密を知りたくて週末のトレード講座に参加する。多くの人はローソク足、ストキャスティックス、RSI（相対力指数）、MACD（移動平均線収束拡散）、移動平均線などのツールを学び、使おうとする。ほかにもいろいろあるが、これが要するに普通の行動と言える。

トレードのバイブルでさえ間違っている

　テクニカル分析のバイブルと呼ばれている本でさえ、ある程度学んだあとはあまり助けにならない。

　このバイブルとは、ロバート・D・エドワーズとジョン・マギーによる『**マーケットのテクニカル百科　入門編・実践編**』（パンローリング）で、1948年の初版以来、何百万部も売れている。

　ただ、多くの読者は気づいていないが、近代のテクニカル分析を生み出したのはエドワーズとマギーではなく、リチャード・W・シャーバッカーという無名のテクニカルアナリストだった。

　優れたマーケットテクニシャンだったシャーバッカーは、彼の時代までに考案された重要なテクニカル分析のほぼすべてを体系化し、このなかにはチャールズ・ダウのダウ理論などの先駆的な研究も含まれていた。

　1930〜1937年に、シャーバッカーはウォール街の真剣なトレーダーや投資家に向けていくつかの講座で教えていた。残念ながら、彼は30歳代の若さで亡くなった。

　彼は亡くなる直前に、ガリ版刷りの講義資料を義理の弟のロバー

ト・D・エドワーズに渡した。エドワーズはMIT（マサチューセッツ工科大学）出身のエンジニアのジョン・マギーの助けを借りてシャーバッカーの講義を書き直し、それが長期的なベストセラーになった。そのため、テクニカル分析を最初にまとめた功績は、シャーバッカーではなく、エドワーズとマギーのものになった。

　ここではっきりさせておきたいことがある。『**マーケットのテクニカル百科　入門編・実践編**』のような本は、絶対に読むべき本ではあるが、それを読んだだけで利益を生み出すプロのトレーダーになれるわけではない。テニス教本を読めばナダルと対等に戦えるわけではないのと同じことだ。

　新参のトレーダーが、テクニカル分析の本を読んだあとに典型的なミスを犯すのを私はよく目にする。彼らは、RSIやストキャスティックスといった指標を学び、市場が「買われ過ぎ」「売られ過ぎ」だと興奮して叫ぶ。

　しかし、彼らは「買われ過ぎ」は「高い」という心理的な概念の感情的な表現だということに気づいていない。ストキャスティックスのチャートを見ている人たちは、数学的に操作されたデータを見て、市場は今高いから売るべきだと考えるようになる.

　同じことは「売られ過ぎ」にも言える。言い換えれば、脳が市場は安いから買う価値があるとトレーダーを促す。

　例で見ていこう。昨日（2019年10月1日）はダウ平均とドイツのDAX40指数が特に弱気な日だった。私は1日中売っていて、それがうまくいった。結果は、私のTelegram（テレグラム）チャンネルで検証し、記録してある。

　取引終了時間が近づくと、ダウ平均はさらに下げ、デンマーク人の受講者が次のような警戒すべき質問をしてきた。

「トム、ストキャスティックスを見ましたか。かなり『売られ過ぎ』になっています。取引が終了する前に、今買ったほうがいいですか」

私は「うーん、私は今売っているから……ほかの人に聞くべきだね」と答えた。

すると、彼は私が売っていることを知ってショックを受けたと返し、少しあとにダウ平均を2万5590ドルで買ったと知らせてきた。

買い手がいれば、当然ながら売り手がいる。しかし、ダウ平均が400ポイント下げた日の取引終了10分前に買うのが良いこととは思えない。

20年前の私ならばそうしたかもしれないが、今ならば、絶対にしない。もし下げている日の取引終了間際にダウ平均を買うならば、それは売りポジションを手仕舞う場合の買い戻しに限る。ポジションをオーバーナイトで持ち越すよりも睡眠のほうが大事だからだ。

私は彼に言った。「今日は1日中、売りのチャンスがあった。今買って何を期待しているのか。400ポイント下げて安いから、取引終了前に買う人たちがいると思ったのかな」

私もかつてはこのように考えていた。まだ利益を出せなかったころの話だ。

ダウ平均が大引けに向けて反転上昇することはなかった。彼の損失はさほど大きくなかったと思う。ただ、心配なのは彼の財布ではなく、考え方のほうだった。

本書にはそのことが書いてある。市場についての正しい考え方だ。80～90％の負けているトレーダーは、そこが間違っている。

学校ならつぶれる

　もしトレードの世界が学校ならば、閉校されるだろう。生徒・学生の90％が試験に落ちるような教育機関ならば、学校や大学として機能しているとは言えない。

　私たちはみんな普通の人間で、現代社会に適合し、うまく機能している。この普通の人、つまり正しく機能し、知的で、思慮深く、勤勉な人がトレードしているのに、なぜこの業界の失敗率は90％にもなるのだろうか。

　まったく意味が分からない。通常、懸命に努力すれば、ある程度以上の成功を収めることができる。ところがトレードは違う。ほかの仕事で失敗率が90％など聞いたことがない。

　もし歯科医に治療できない可能性が90％だと言われれば、そこにはもうけっして行かないだろう。こういうことが個人トレーダーの失敗率なのだ。ただ、そうしないこともできる。

　私たちトレーダーは、終わりのない予想可能なサイクルに入り込む傾向がある。トレードがしばらくうまくいくと良い気分になる。すると規律が緩んで損失を被る。そこで意思を強く持ってさらに学ぶ。すると、またしばらくうまくいくが、やがて損失を被る。そして、一時的か、もう永久にやめてしまう。

　身に覚えがあるだろうか。

　このサイクルの悲しいところは、だれにでも良いときがあることだ。多くの人が儲かるときがある。輝く瞬間がある。きっとあなたにもあったと思う。

　それがどうなるのだろうか。実は、99％の人が負け方を知らない。そのため、負けたときの感情が、彼らに最善ではない行動を起こさ

せる。

　感情は、反応から生まれる。例えば、面白いジョークを聞くと大声で笑う。これは感情だ。しかし、次にこのジョークを聞いても笑わない。脳がこのジョークに慣れているからだ。

　イケメンの男性やかわいい女性に恋をすれば強い感情が湧き、あなたの内面で美しい混乱が起きる。そして、その人を見かけると、自分の気持ちを伝え、その人と結ばれ、見つめ合いたいと思う。

　しかし時がたつと、恋の混乱は落ち着きに変わる。近くにはいたいが、最初のころほどの情熱は見られない。相手に慣れてきたからだ。

　1人で切り立った岩肌をロープも使わずに登るフリークライマーは、つかみ損ねれば死に直面する。そのため、彼らは何年も練習を重ねて脳を鍛え、登っているときに偏桃体（脳の中心にある情動反応を処理するところ）をフル回転させないようにしている。だから、彼らは冷静を保つことができる。

　エリート兵も初めて戦場に立つときは死を恐れる。だから最初はシミュレーションを行う。それを何回も繰り返し、呼吸に集中し、習慣化することで、恐怖は少しずつ薄らいでいく。

　テクニカル分析も、それに費やす時間のうち少なくとも25％を、私が内面の分析と呼ぶことに費やす必要がある。トレードで成功するためには、自分の弱みと強みを知っておく必要がある。自分の得意なことや苦手なことも知っておく必要がある。

　これらを向上させるために時間を割かないで、どうやってうまくなるのだろうか。内省をしないで望む結果を手にできる人はほとんどいない。もしトレードで稼ぐことが目的なのに、99％の人が負けているという事実があって、その99％の人が利益を上げるためには

戦略と分析が必要だと考えているのならば、利益を上げるためのカギは負けている99％の人が必要と考えている戦略と分析ではないと百パーセント言い切れる。

4300万件のトレードを分析した結果

ここに非常に興味深い研究がある。デビッド・ロドリゲスという独創的なアナリストが行った素晴らしい調査だ。大手FXブローカーで働いていた彼は、通貨トレードをしている顧客の失敗率があまりに高い原因を突き止めようとした。この会社では1日に約2万5000人の顧客がトレードしていた。

ロドリゲスは15カ月間に執行されたすべてのトレードを調べた。トレードの数は膨大で、2万5000人の顧客が4300万回もトレードしていた。これは統計的に優意で非常に興味深いサンプルだった。

ロドリゲスと同僚は、勝ちトレードの数に注目した。ここで、勝ちトレードと負けトレードの数を当ててみてほしい。4300万件のトレードのどれくらいの割合になるだろうか。

ヒントになるかどうかは分からないが、ほとんどのトレードがユーロ／ドルか、ポンド／ドルか、ドル／スイスフランか、ドル／円だったということを明かしておこう。

なかでも圧倒的に多かったのが、スプレッドが非常に小さいユーロ／ドルだった。ただ、残念ながらそのことで結果が大きく変わりはしない。

答えは、全体の62％が勝ちトレードだった。10回中6回強で勝つというのはなかなかの勝率だ。6割勝てるトレーダーならば、利益を上げているに違いない。

もちろん、これは勝ちトレードでいくら勝ち、負けトレードでいくら負けるかが大きく影響する。そして、ここに2万5000人が抱える問題があった。

　彼らの勝率はとても高かった。しかし、彼らの平均利益と平均損失が大きな問題だった。勝ったときの平均利益は約43ピップスで、負けたときの平均損失は78ピップスだったのだ。

　負けトレードの平均損失が勝ちトレードの平均利益を上回っているシステムでも勝つことはできる。ただ、そのためには勝率がかなり高くなければ損失を吸収することができない。

　私の同僚で、ヘッジファンドで巨額の資金を運用している南アフリカ出身のプロのトレーダーは、勝率が約25％しかない。彼については本書後半で詳しく書くが、彼のヘッジファンドという文脈で、勝率という言葉について説明しておこう。

　彼のヘッジファンドでは、勝ちトレードの平均利益が負けトレードの平均損失の最大25倍くらいになる。彼の勝率は伝統的な観点では納得いくものではないかもしれないが、もちろん彼は大きな利益を上げている。

　私が特に関心を持っているのは、トレード業界において悪い助言が横行していることである。トレーダーはよくリスク・リワード・レシオについて語るが、このこと自体はトレーダーが文字どおり、このレシオをすべてのトレードに応用しないかぎり問題はない。

　私がTelegramでライブのトレードをするときは、必ず損切りを置く位置を明示する。必ずだ。その一方で、私はよく目標値を設定しているかと聞かれるが、ほとんどの場合は皮肉を込めて「ノー。水晶玉は修理に出している」と答える。機嫌が悪くて疲れているときは、感じ悪く「私が占い師に見えるのか」などと言うときもある。

　無礼なことは分かっている。ごめんなさい。同じことを450回聞かれたときに礼儀正しく答えることができないことはさておき、私が目標値を明示しないのには深い意味がある。それが、リスク・リワードに関係がある。

リスクとリワード

　私自身は、リスク・リワードという概念には大きな欠陥があると思っているが、そんなことを言っているのは私だけなので、きっと間違っているのだろう。ただ、私の言い分も聞いてほしい。

　自分のリワードがいくらになるのか分かる方法などあるのだろうか。私には分からない。例えば、計算上の動きやフィボナッチエクステンションなどを使って分かるふりをしても、自分の性格からしてきっと途中で増し玉するだろう。そして、目標値に達しても手仕舞わない。それが私の投資に対する考え方だからだ。

　もし目標値で手仕舞ったあとにさらに順行してしまったら、後悔するに違いない。それならば、私は多くの潜在利益を逃すよりも、含み益を多少減らすほうを選ぶ。

　私はどうでもよいことで騒いでいるのかもしれないが、とにかく私は目標値は使わない。私は市場が与えてくれるものを見たい。それが含み益の一部を手放すことになってもだ。実際、ダウ平均のトレードで、一時は100ポイントあった含み益をゼロにしたことも数え切れないほどある。

　この原稿を執筆している1週間前にもこのようなトレードがあり、結局、利益はゼロで終わった（もちろんすべて記録してある）。私のトレードの視聴者のなかには、なぜ私が利食わなかったのかと不

満げに言ってくる人たちもいる。説明するのは難しいが、理由は痛みに関係している。

100ポイントの勝ちトレードをあきらめる痛みよりも、100ポイントを利食ったあとにさらに順行するのを見る痛みのほうが私にとってはるかに大きいということだ。

この考え方によって、私は今日のように400〜500ポイント稼ぐこともある。稼ぐかゼロで、両方の良いとこ取りはできないのだ。

CNNのインタビュー

何年か前に、CNNのインタビューで勝つトレーダーの特徴を尋ねられたことがある。この率直な質問に、私が考える勝ちトレーダーと負けトレーダーの違いをいくつか挙げた。これは、私が証券会社のトレーディングフロアで働いていたときに、個人トレーダーによる何百万件ものトレードを見てきた経験に基づいた考えだった。主な違いを見ていこう。

1．安値を探そうとする

日中チャートでももっと長い時間枠のチャートでも言えることだが、個人トレーダーは下降トレンドのときに安値を探そうとする。

彼らがただ安く買いたいからなのか、それとも効果のないツールを使っているからなのかは分からない。ただ、この性質がトレード口座に多大な損失を及ぼすことは分かる。

勝っているトレーダーは、現在進行中のトレンドを信頼している。このような姿勢に修正するのはささいなことに思えるかもしれない

が、それが勝つトレーダーと負けるトレーダーの違いを生んでいる。

　負けるトレーダーは、しばらくするとまた現在のトレンドが信じられなくなり、現在のトレンドとは反対のポジションを取る。理由は、安く買えたとか、高く売れたと思えるからだ。

　これは、近くのスーパーマーケットでトイレットペーパーを半額で買って満足するのと似ているが、金融市場はスーパーマーケットとは違う。「安い」も「高い」もなく、あるのは現在の価格だけだ。

　勝つトレーダーは「安い」「高い」という感情に執着しない。彼らは今この瞬間のトレンドに集中し、そのトレンドに内面の葛藤なく冷静に乗ることができる。

2．天井を探そうとする

　逆も同じことが言える。市場が上昇トレンドにあるとき、トレーダーは売る場所を探そうとする傾向がある。ちなみに、多くのトレーダーは大きく下落したところで売るよりは、すでに上昇しているところであわてて買う人のほうが多い。

　市場がかなり短期間のうちに急騰すれば、個人トレーダーは価格が上昇中なのに売ろうとする。繰り返しになるが、これは「高い」「安い」といったゆがんだ見方に基づいている。

3．トレンドに逆行する動きがあるたびに新たなトレンドの始まりだと思う

　私は金融市場の最悪の時期にもトレーディングフロアで働いていた。例えば、2008年9月15日にリーマン・ブラザーズが破綻してダ

ウ平均が4.5％下落したときもそこにいた。

　この日、ダウ平均は２回上昇を試みたが、どちらも失敗した。そのなかで、多くの顧客が一時的な安値で買い、そのあとも価格が下げ続けたのは悲劇的な光景だった。

　５分足のローソク足チャートに１本緑色の足が現れると、トレーディングフロアのモニターには買い注文が殺到する。まるで顧客は底が近いので買わなければならないという思いに取りつかれているように見えた。

　しかし、その日が底ではなかった。翌日でもなかった。

　これはトレーダーによくある特徴だ。彼らはトレンドに逆行する動きがあるたびに新しいトレンドが始まると思ってしまう。下落する市場で安値をつかもうとして失われた資金は、これまでの戦争で失われた資金の合計を上回っている（損失の大きさを強調するために裏付けのないことを書いたことは認めるが、とにかく底を狙わないでほしい）。

　新人トレーダーや一部のベテラントレーダーは、儲かっていても儲かっていなくても、成功のカギを握るのはチャートだと思っているように見える。

　しかし、この考えはトレード口座に損害を与える。とはいえ、だれも彼らにそのことを伝えなかった。チャートに集中するのが間違った戦略だということをだれも教えなかったし、教えようともしなかったし、教えるほどの知識もなかった。このことについては、次の第３章で詳しく書く。

第3章
だれでもチャートの専門家

Everyone is a Chart Expert

　私はある記事のなかで、テクニカル分析の基本は1週間で学ぶことができると書いたことがある。多少誇張したかもしれないが、その誇張はほんの少しだ。

　チャートの達人がトレードの達人でないことは間違いない。トレーダーの友人の多くがテクニカル指標に関する本を何冊も買い、よく知られている指標から訳の分からない指標までたくさん学んでいる。しかし、それが利益を増やすことにはつながっていない。チャートに関しては、多いよりも少ないほうが良い。

　チャートは単純にも複雑にもなる。トレーダーはチャートを必要以上に複雑にしたい傾向がある。新人トレーダーのなかには、チャートにたくさんのツールを張り付けて、一番重要な価格を見えにくくしている人もいる。

　多くの人、特に新人トレーダーは私のチャート画面を見て驚く。指標を1つも表示していないからだ。1つもだ。古臭いのかもしれないが、私に余計なツールは必要ない。

　私のトレーダーとしての仕事は、低リスクのトレードセットアップを見つけることにある。私のトレード手法は、価格以外は一切重

視していない。すべての指標は、多かれ少なかれ、価格に基づいている。つまり、指標は目の前の現実をゆがめているのだ。

市場はレンジを形成している時期もあれば、トレンドを形成している時期もある。指標にはレンジのときにはうまく機能するものもあるが、トレンドになると急に使えなくなるものがある。その一方で、トレンドではうまく機能しても、レンジのときは目を覆いたくなるものもある。

友人で著名なトレーダーのテピッド２がかつて存在したトレーダー用掲示板に次のように投稿した。「指標は機能するときもあるが、いつも機能するものはない」

トレードで資金を失っている90％のトレーダーの多くは、チャートを読むのに優れた人たちかもしれない。チャートを正しく読みパターンも理解しているのだろう。

しかし、トレードはヘッド・アンド・ショルダーズやバーチャートのパターンやフィボナッチレシオを知っているだけでできるものではない。

私は、数百万ポンド相当の株価指数先物を単純な10分足チャートのみでトレードする優れたトレーダーを何人も知っている。実際、私自身も毎日それをしている。

勝っている１％の人たちと負けている99％の人たちを分けるのはトレード中の考え方であり、感情をどうコントロールするかだと思っている。もちろんこれはチャートの読み方を学ぶメリットはないと言っているのではない。私自身の経験でも、チャートを読むことはトレード判断には必須ではあるが、それはトレード全体の小さな部分にすぎない。

トレード講座を開いている自称カリスマがたくさんいることは、

トレードの技術や技能を学びたいという需要がある証拠と言える。週末の講座という「近道」は、本を読むよりもずっと魅力的に見えるのだろう。

　もし週末の講座を開いているカリスマが、日曜の夜までに「大金持ちのプロのように」トレードできるようになると勧誘すれば、疑うことを知らない人はそちらを選ぶ。抵抗感が最も少ない道のほうに人が行くのは自然なことだからだ。

　しかし、新しいスキルを学ぶには時間がかかる。もし「新しい言語を30日で学ぶことができる」という広告を見たら、意識的には信じられなくても、無意識的には信じたくなる。人は常に近道をしたいと思っているからだ。同じように、1年で5キロ痩せると謳うダイエット本は、2週間で5キロ痩せると主張する本ほど売れない。

　私の人生観は、多くの人たちとは違う。だから、多くの人が夢見るものを手に入れることができた。私は最も抵抗感の多い道を行く。それは、99％の人たち意見を避ける必要があることを知っているからだ。

　私がうぬぼれていると思うのはまったく違う。私は自分を過大評価していない。むしろその逆で、私は自分が欲しいものを注意深く選び、それに向かって努力する。本書はその精神を反映しているものと思ってほしい。

　あなたがトレードの達人になることは本当に実現可能だ。望んでいた家に住み、欲しかった車に乗ることもできる。ただ、望むものを手に入れるためには、1％の人たちの考え方をする必要があるという私の言葉を信じてほしい。実は、1％の人たちと同じように考える必要すらない。99％の人たちと違う考え方ができればよい。

　次のトレードは、どんなときでもそういった考え方がテクニカル

		枚数	始値	現在価格	含み損益
DAX30	売り	200	12479.8	12478.5	260.00ポンド
ダウ30	売り	250	27044	27046	−500.00ドル

分析に勝る好例だ。私はあるとき、ドイツのDAX30指数を売った。

　このトレードは損切りに引っかかった。しかし、損切りから１ポイント程度逆行してから再び順行し始めたため、大いに悔やんだ。損切りを置くところが近すぎたのだ。しかし、私は冷静さを失わず、このトレードはあきらめた。

　ここで少し考えてみよう。アスリートのなかにはうまくいかなかったときに大声で叫ぶ人がいるが、その理由が分かるだろうか。セリーナ・ウィリアムズがウィンブルドンの決勝で大事なポイントを落としたときに叫んだのを見て私は考えた。

　大声で叫ぶのはリセットするためで、精神バランスを取り戻して、再びゾーンに入る方法なのではないだろうか。大声で吐き出すと、不満を一掃し、内面の平穏とバランスを取り戻す助けになる。

　私は再び12479.80で売った。そのときの画面は**図表3.1**のようになっていた。

　また、このときのチャートは**図表3.2**のようになっていた。

　DAXは上に窓を空けた。ちなみに、窓がその日のうちに埋まるケースは全体の48％しかない。

　３日たっても窓は76％しか埋めない。なぜこの話をしているのだろうか。トレード本にはすべての窓は埋まると書いてあるが、そんなことはないからだ。

　私がDAXを売ったのは、10分足チャートで寄り付きから２本目

図表3.2

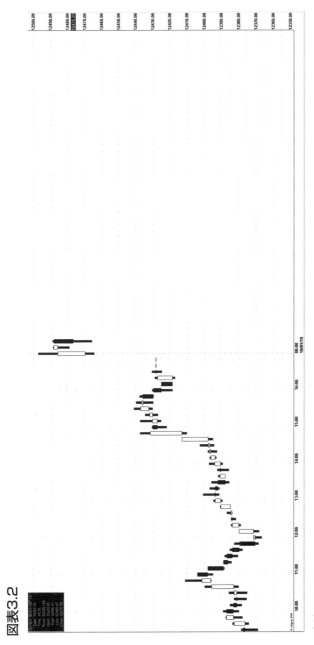

出所＝eSignal.com

の足がはらみ足になり、３本目の足がはらみ足の安値よりも下で引けたからだった。これは売りシグナルだ。それに、１本目の足の高値は、その前の足の高値と同じでダブルトップを形成していた。そして、損切りも置いた。つまり、トレーダーとしてやることはやった。低リスクの仕掛けポイントを見つけて仕掛け、損切りを置いたからだ。

　この時点で、私は市場に運命を委ねた。素晴らしいトレードになるかもしれないし、ならないかもしれないが、それはだれにも分からない。話を進める前に質問をするので、よく考えてみてほしい。

　リスク・リワードの議論を信奉している人が、利益目標を40ポイントに決めたとする。理由は20ポイントのリスクをとるからだ。そうなれば、リスク・リワード・レシオは１：２で、リスク１に対して利益は２になる。良さそうだ。

　このトレードに反論するトレード本はほぼないだろう。しかし、私は違う。ここで簡単な質問をしよう。

　もし売ったあとに利益目標の40ポイントの下げを達成し、市場がさらに下げていればどう感じるだろうか。手仕舞ってから２〜３時間後にさらに100ポイント下げていたら、どう感じるだろうか。

　私は、リスク・リワードの概念は、リスクもリスクと心の関係も理解していない学者が考えたものだと思っている。その学者は、自分が痛みを避けて心の平穏を保つ手法を考案したのだろう。

　50分後、DAXは窓を埋めた（**図表3.3**）。このポジションには含み益が出ていた。

　同僚が、私に続いて仕掛けた。チャートは私たちにとって良い展開になっている。私たちはこのトレードについて次のような話をした。

図表3.3

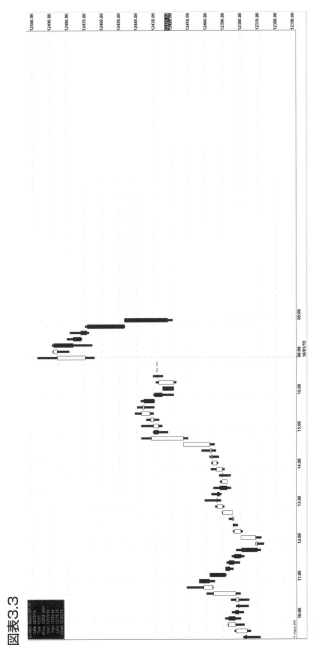

出所＝eSignal.com

同僚 そろそろ利食いたい。目標値は決めているのか。

私 私は目標値は決めない。市場がいくらくれるか待とう。トントンになるところに損切りを置いたから負けはない。

同僚 それは分かっている。でも、昨日はうまくいかなくて150ポイントも失った。市場の読み方が悪かった。アイデアはあったが、それがうまくいかなかった。どちらにしても150ポイント失ったんだ。今DAXのポジションを手仕舞ったら、今朝の失敗トレードを帳消しにできるし、昨日の負けもかなり回復できる。どう思うか。

私 君は昨日の経験をトレードしているように聞こえる。気持ちがリセットできていない。今ではなく、過去に集中し、心の均衡を得ようとしている。昨日の損失を振り払えておらず、まだ不安定な状態にあるからだ。その結果、このトレード自体のメリットを見て判断するのではなく、過去のトレードのメリットで判断しようとしている。つまり、世界をありのままに見ないで、自分の都合で見ている。手仕舞えば落ち着くというのは分かる。しかし、トントンにするためにトレードしているのではない。利益を上げるためだ。

　トレードは心理戦だということを理解しているだろうか。神経を使う戦いだ。同僚が昨日の負けでおびえていることは理解できる。彼は、昨日の負けた気持ちを今日まで持ち越し、それが今日のトレード判断に影響を与えている。

　2007年、私はウィンブルドン選手権の決勝戦を観戦する機会があった。メディア界の大物である友人がラルフ・ローレンに招待され、私を同伴者として誘ってくれたのだ。VIP席につくと、隣には当時、世界屈指のゴルファーだったルーク・ドナルドが座っていた。

　ドナルドは穏やかでとても礼儀正しい人だった。タイガー・ウッ

ズの話題になり、私はウッズとプレーすることについてかなり率直
な質問をした。

「タイガー・ウッズはあなたよりも優れたゴルファーですか」

このときのドナルドの答えが驚くほど本質を突いたもので、強く
印象に残っている。

> パットや飛距離で見ればタイガーが私よりも良いゴルファーだ
> とは思わない。しかし、彼はミスしても切り替えて次に進む驚
> くべき能力を持っている。
> 例えば、15番ホールで彼も私もパットがうまくいかなかったと
> する。ところが16番ホールのティーショットを打つときのタイ
> ガーは、15番で起こったことなど頭から一掃して、その瞬間に
> 集中している。
> 一方、私は15番のミスをまだ引きずっていて、それが16番のパ
> フォーマンスに影響を及ぼす。

これは、各分野のトッププレーヤーと並みのプレーヤーの違いを
言い当てた洞察に満ちたものだった。重要なのは心であり、心がそ
の瞬間ごとにどう処理するかなのである。あなたの心はあなたのた
めに働いてくれるのだろうか、それとも邪魔をするのだろうか。

認知的不協和

私の同僚は、頭のなかで利食うべきか保有し続けるべきか押し問
答をしていた。私にもそういう経験はある。長年のトレード経験が
ある私でも、そのように考えてしまうときはある。ただ、そうなっ

69

たときに自分で気づくことができる。そのときは、チャートとそれが伝えていることに集中する。そして、損益については考えない。

　同僚がこのとき経験していた状況は、認知的不協和と呼ばれている。心理学では、これを相反する2つの考えやアイデアを同時に持つことによる精神的不快感、または心理的ストレスとしている。

　この不快感は、自分の考えと矛盾する新たな証拠が出てきたときに起こる。自分の考えやアイデアや価値観と矛盾する事実に直面すると、人はその矛盾を解消して不快感を減らそうとする。

　この不快感を解消するためには、含み益が出ているポジションを手仕舞うのが合理的な最善策となる。そして、含み損が出ていれば、そのまま保有すればよい。

　レオン・フェスティンガーは、1957年に発表した『ザ・セオリー・オブ・コグニティブ・ディソナンス（A Theory of Cognitive Dissonance）』のなかで、人は現実の世界で精神的に機能するために、内面の心理の安定を求めると主張した。内面が不安定な人は心理的不快感を持ち、認知的不協和を減らそうとする傾向があるというのである。

　不快感を減らすという目的を達成するための1つの方法は、ストレスになっている行動を正当化できるように変更することである。そのためには、立証されていない情報や関係のない情報を認知に追加するか、認知的不協和を増大させる可能性がある状況や矛盾する情報を避けるかすればよい。

　私の同僚は葛藤していた。彼は昨日の負けの痛みを引きずっていたが、利益が出ているポジションを今手仕舞えば、その痛みを断つことができた。彼は市場がこのポジションについて伝えている情報を無視して理由を正当化しようとしていた。市場参加者は売るべき

だという点で合意していたが、彼はそれを認めないで無視していたのだ。

感情的には理解できる。しかし、論理的に見れば、これは一貫性のないトレードのやり方だ。昨日のトレードは、今日の市場とは何の関係もない。

今日は新しい1日で、新しい日には新しい環境がある。しかし、多くの人にとって2日間はつながっている。頭のなかで、昨日の行動を今日も続けてしまう。そして、「なぜそうしないのか」と自分に問う。

毎朝、頭を「リセット」できるだろうか。前の晩に大ゲンカをしても、翌朝はリセットして平常心で起きられるのだろうか。

無理だろう。少なくとも意識的な努力なしには難しい。私がトレードする日の朝、プロセスをおさらいしてウォームアップをしているのはそのためだ。このことについては本書後半で詳しく説明する。結局、それが本書の内容だ。これは、99％の人たちが経験する落とし穴を避けるためのレシピ本だと思ってほしい。

同僚の不安の原因はどこにあるのだろうか。それは恐怖だ。間違いない。彼は、含み益を失うのを恐れている。平穏な気持ちに戻りたくてたまらない彼は、もうチャートを見てトレードしていない。このときの彼は市場でトレードしているのではなく、心の安定のためにトレードしていた。

恐怖

私の同僚はおびえていた。彼は、今仕掛けている良いトレードで、昨日の損失を埋め合わせできなくなるのを恐れていた。つまり、今

ある含み益が減り、最悪なくなってしまうことを恐れていた。

　彼は、このトレードで負けるわけにはいかないと思っていた。損切りは今、トントンのところにある。しかし、それでは足りない。

　私は、「欲しいものはすべて恐怖の反対側にある」という言葉が気に入っている。恐怖は私たちの生活に必要なものでもある。人間の脳は何百万年もの進化の産物で、先祖たちの生き残りをかけた本能が組み込まれている。恐怖は特定の状況で確実に生き延びるために必要なものだが、私たちが感じる恐怖の多くはトレードには適していない。

　私たちの脳には、痛みから自分を守るという重要な機能がある。生活が劇的に変われば、痛みに直面する可能性が高い。変化の途中でも持続力を築いていくための賢い方法として、その変化をゆっくりと取り込んでいくことができる。

　例えば、マラソンをするという意欲的な目標を立てたとする。達成するためには、体と心を鍛える必要がある。トレードサイズを大きくするのも同じことだ。大きな損失を被った場合に脳が精神的苦痛を処理できるように、時間をかけて準備していく必要がある。

　ただ、自分と他人を比べるのは意味がない。もちろん、ほかの人から刺激を得ることはある。しかし、トレードは個人的な試みで、トレーダーの仕事はどれほど大きなサイズでも心の安定を保つことである。

フィリップ・プティ

　かなり前に、フィリップ・プティのドキュメンタリーを見たことがある。プティはフランスの大道芸人で、ニューヨークのワールド・

トレード・センターの２つのタワービルの間を数回も綱渡りしたことでも知られている。

　この驚くべき行動について私が感動したのは、準備のやり方だった。

　プティは、この綱渡りをするために、７年間かけて身体と精神を訓練した。彼がただうまくいくことを願って敢行したとでも思っただろうか。そうではない。実際、最初の訓練では目標よりもかなり低いところから始め、最終的にワールド・トレード・センターを渡ったのだ。

　プティは非常に魅力的な人物で、ほかのだれよりも大きな恐怖に対処している。私は、彼のアプローチを学ぶことで恐怖について多くを学び、自分の欠陥を見つけることができた。

可視化

「セーヌ川からエッフェル塔の２階まで綱渡りをする前に640メートルの綱を見ると、傾斜がとても急で現実的な恐怖を感じ、心配になった。設置したときに計算ミスはなかったのだろうか」とプティは言っている。

　彼はどのようにしてこの疑念を乗り越えたのだろうか。

　単純な可視化の練習だ。

「私はすぐに最高の結果を想像することで不安を消し去った。25万人の歓声を聞きながら、栄光の最後の１歩を踏むところだ」

　さらに彼は自分の恐怖を誇張している。彼は恐怖を無理に乗り越えたりごまかしたりするのではなく、本番の恐怖に直面したときに、それがありふれたことだと思えるところまで少しずつ慣らしていく

よう勧めているのだ。

　恐怖を打ち負かす賢いツールがある。もし悪夢がのしかかって
きたら、恐ろしいことを想像してすぐに振り返ってはならない。
少し待って、さらに恐ろしいことを大げさに想像してほしい。
そして、激しく怖がり、恐怖に悲鳴を上げる準備をする。怖い
想像をすればするほど、現実を見たときの恐ろしさは減る。そ
のうえで振り返る。それほど怖くなくて、むしろ微笑んでしま
うかもしれない。

　プティも、ほかの人と同じように恐怖を感じると言っている。特
にクモが嫌いだという。

　私は、地上で怖いものはないと公言しているが、実はウソだ。
自嘲を込めて告白すると、私はクモと犬が怖い。私は恐怖を知
識の欠如だと思っているため、このようなバカげた恐怖を克服
するのは簡単だ。
「最近忙しい」「でも、足が多い動物（あるいは足が足りない動
物、ヘビとも仲良くなれない）を避けるのをやめると決めたら、
どうすればよいかは分かっている」
　私は科学論文を読み、ドキュメンタリーを見て、動物園に行く。
クモの飼育業者に会って（そんな職業はあるのか）クモがどの
ように進化し、獲物を捕り、交配し、眠るかを調べ、何よりも
この毛で覆われた恐ろしい生き物が何を恐れているか聞き出す。
そうすれば、私もジェームズ・ボンドのように、タランチュラ
が腕の上で動いていてもまったく動じなくなる。

　プティの綱渡りは、今でも伝説的で素晴らしい史上最高のパブリックアートと言ってよい。彼の行動に理由はない。彼自身は次のように言っている。

　　私にとっては単純なことだ。人生はぎりぎりのところで生きるべきだ。抵抗し、ルールに縛り付けられることを拒否し、自分自身の成功に満足せず、同じことを繰り返すのを拒否し、毎日、毎年、すべてのアイデアを挑戦ととらえると、ぴんと張った綱を渡る人生を生きられることになる。

エゴと素晴らしい失敗

　私は使い古された決まり文句は好きではない。独自の発想がないからだ。私は、陳腐な決まり文句を言っている人たちを批判的に見ている。利を伸ばし損を切れと言われても納得がいかない。そんなことは分かっているが、利益を伸ばすときの恐怖にどう対処すればよいのだろうか。

　恋人に虐待されていると言う女友だちに、別の友人が「そんな奴とは別れたらいい」と尊大に言い放つのも納得できない。だれだってそう言う。そのとおりだが、それを言っても意味がない。

　解決策が明らかなとき、たいていは別の問題が隠れている。アルコール依存症の人がいれば、飲むのをやめればよいと言いたくなる。しかし、飲んでいるのには理由がある。やめたくてもやめられない理由がある。

　失敗することはあるのだろうか。私の実家では、何かを達成しても褒められることがほとんどなかった。当たり前のことだと思われ

ていたのだ。反対に、失敗は受け入れがたい方法で指摘された。

　そのため、私は失敗を恐れない気持ちを鍛える必要があった。子供のころは「ぼくのせいじゃないよ」とよく言っていた。しかし、今はお金がかかっている。失敗はすべて私のせいだ。それに、失敗もそこから学ぶことができれば悪いことではない。

　失敗してもよいのだと思うことができれば、失敗は人生の友になる。私は、トレードと投資に関するラジオ番組に出演している。目玉は私と２人のトレーダーとの対戦である。

　競争は常に熾烈で、毎週、ポートフォリオの内容を聞かれる。私のトレードスタイルは白黒はっきりしている。もし市場が下げていれば、プットオプションを買うかインバース商品を買い、市場が上げていればその逆をする。

　私はずっと以前に、ジャーナリストを黙らせる最善の方法は百パーセントの真実を話すことだと学んだ。番組の司会者が「トム、そこは間違えたのかい」などと鎌を掛けてきたときに、言い訳するのは最悪である。弁明したり自己弁護したりすれば、火に油を注ぐことになる。

　これは人生の素晴らしい比喩だ。自分のミスを認めて終わりにする。もし司会者が私に弁明させようとしても、私はむしろ大げさに「これ以上悪い手はあり得ない」「５歳児だってもっとうまくできる」などと返すことにしている。

考えをひっくり返す

　私はシティ・インデックスに勤務していたときに顧客の行動を調べ、大多数のトレーダーが不健全な思考パターンを持っているとい

う結論に至った。彼らは、恐れる理由がないときに恐れ、ポジションに含み益が出ているときにそれが顕著になる。

しかし、それも実は損失を恐れている。この場合は、紙の上の利益を失う恐怖なのである。

一方、顧客は含み損を抱えていても損切りしようとはしない。ポジションを持っているかぎり、良い結果になるかもしれないと思っているようだ。これは、恐怖を希望と置き換えようとしているのだと思う。彼らは、負けポジションがいずれトントンになると期待している。

DAX指数の例に話を戻すと、同僚はこのトレードを続けた。私は彼の痛みにできるだけ寄り添い、彼は損切りの逆指値を下げた。これによって、市場が再び上昇したときでも利益を確保できる。

私の経験から言えば、トレードを保有し続けて成功に導けば、その人には正しい脳神経の回路が構築される。また、トレードを保有するスリルを経験すれば、より多くの利益が確定していく喜びを経験することもできる。

私の同僚は、チャートの進展を見て天にも昇る気分だった。しかし、彼はずっと利食う理由を探していた。含み益を確定しないでおくことは居心地が悪そうだった。

それでも彼は、市場には弱さしか見えないという私の言葉を信じてトレードを保有し続けた。そして急に流動性が枯渇すると報われた。私は、市場で棚ぼたに恵まれても興奮しないように心掛けている。しかし、オフィスに自分1人でもガッツポーズしてしまうことはある。

このトレードの経緯（**図表3.4**）は、タイムスタンプ付きで私のTelegram（テレグラム）チャンネルに記録されている（2019年10

図表3.4

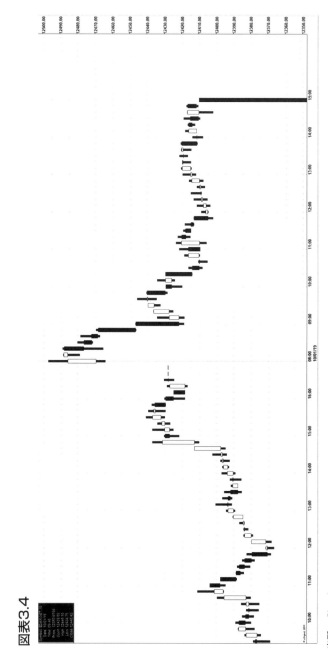

出所＝eSignal.com

78

月1日）。

イーロン・マスク

　私はテスラのファンではない。空売りして大きな損失を被ったからだ。テスラの車は良さそうに見えることを考えれば、バカげた言い草だということは分かっている。

　しかし、私はイーロン・マスクのファンだ。人生でミスを犯すのは仕方がないことだが、ミスは改善のためのロケット燃料のようなものだ。ところで、イーロン・マスクのような人は、失敗にどのように対処しているのだろうか。

　彼は人生を変えてしまうようなとんでもないことをしようとしている。電気で動く自動車や、宇宙の植民地化といったことを世界中の人たちの目の前で実行しているのだ。

　彼にとって、失敗の可能性は常にある。それだけでなく、もし彼が失敗すれば、大ニュースになる。それでもマスクは、極めてリスクが高いが、極めて重要なことをやり続けている。

　彼は失敗の恐れにどう対処しているのだろうか。そもそも彼は失敗を恐れているのだろうか、それとも彼にはこのような不安に対する回復力が備わっているのだろうか。

　そうではないようだ。マスクは強い恐怖を感じると公の場で語っている。それでは恐怖のなかでどうやって進んでいくのだろうか。

　マスクが恐怖を克服する能力には2つの要素がある。まず、彼は自分のプロジェクトに対して圧倒的な情熱を持っている。彼は、スペースXが常軌を逸した挑戦だと認めているが、それでも進まざるを得ない理由がある。

私は、もしロケット技術を改善する何かが起こらなければ、人類は永遠に地球から出られないという結論に達した。多くの人は技術は何もしなくても毎年向上していくと思っているが、それは違う。賢い人が必死に努力しなければ向上しない。

もし多くの人が努力しなければ、技術自体はむしろ劣化していく。例えば、古代エジプトではとてつもないピラミッドを建設していたが、その技術は忘れ去られた……歴史のなかにはそのような例がたくさんある……衰退は味方ではない。

マスクは、歴史が繰り返すのをただ見ているつもりはない。

2つ目の要素は、マスクが言うところの運命論だ。恐ろしいリスクをとる理由だけでは躊躇する心を克服することはできない。少なくともマスクにとってはそうだった。

そこで多少の助けになったのが運命論だった。確率を受け入れれば、恐怖は減る。スペースXを立ち上げたとき、成功する確率は10％を切っていると思ったが、すべてを失うかもしれないことを受け入れた。そうだとしても、多少の進展はあるからだ。

ちなみに、このようなアプローチをしているのは彼だけではない。最悪のシナリオを視覚化すると、自分が目指していることを客観的に評価することができる。恐怖を直視すれば、その影響力をそぐことができる。

トレードの道から脱線しすぎただろうか。

そうは思わない。私はトレードの世界とそれ以外の世界の両方からさまざまなひらめきを得ている。コービー・ブライアント、ラフ

ァエル・ナダル、クリスティアーノ・ロナウド、セルヒオ・ラモス、チャーリー・マンガーなどはほんの一部だ。

　彼らはまったく異なるタイプの人たちではあっても、それぞれの道や、人生を豊かにすることや、自分の技術を完璧にすることに全力で取り組んでいる。彼らの仕事に対する取り組み方を学ぶと、たとえ報酬がなくてもやりたいことを見つけたのだと分かる。もちろん、彼らはビジネスマンでもあるため、収入にも注意を払っているに違いない。それでも、彼らはその仕事が好きだからやっているように見える。

どうしてもやりたいことか

　あなたはトレードをどれほどやりたいと思っているのだろうか。これがあなたの道なのだろうか。私には分からない。あなたにしか分からない。別の質問をしよう。あなたにとってトレードの代わりになるものはあるだろうか。

　本書を読んでいるのは、トレードがうまくなりたいからだと思う。もしかすると、私のライブトレードや、私のトレード理念が私に及ぼす影響を見て、もっと学びたくなったのかもしれない。それには拍手を送りたい。

　もしかすると、今こそ自分のトレードと正面から向き合うときなのかもしれない。自分の欠点をすべて明らかにする良い方法だ。自分の強みを明らかにする良い方法でもある。私もトレードとリサーチによって、自分の性格の弱さを知ることができた。

　私にとって、金融市場のトレードで生計を立てていることの副産物は、それによってある性格的な特性を獲得したことにある。私は、

以前よりもずっと忍耐強くなった。集中力と規律も向上した。

　失敗は、学びの最大のツールなのである。

疑ってみる

　あなたは本当にトレードで利益を上げたいと思っているのだろうか。私もこれまでトレーダーとして何回かこのことについて考えさせられた。私は今の自分になるまでにいくつもの犠牲を払ってきた。コーチに真剣に努力していないと言われたこともある。

　最近、15年来の友人と食事をした。彼とは私がイギリス北部で講演したときに知り合った。この日は、私がマンチェスターにいる間に助言してほしいと彼に頼まれ、私は快諾した。

　食事中、彼はトレードに関する不満を言い始め、どんどんヒートアップしていった。水の入ったグラスを倒してしまったほどだ。ただ、具体的な点について言及がなかったため、私は問題を特定することができなかった。

　彼が苦悩し、助けを求めていたことは明らかだったが、どの立場で助言すべきかが分からなかった。そこで、彼の役に立つと思う1つの面について助言することに決め、取引明細を確認すると申し出た。彼を助けることができる唯一の方法だと思ったからだ。これは手がかかる作業だが、少なくとも彼がどのようなトレーダーなのかをつかむことができる。

　別れ際に、彼は取引明細を送ると言い、私も連絡を待っていると応じた。ただ、この原稿を執筆している今、まだ連絡は来ていない。一言もだ。

　もし自分がどうしても極めたいことに関して友人でその分野の専

門家が助けてくれるというならば、私はできるかぎり速く返信する。しかし、今回は4～5日たっても音沙汰がない。

彼はどれくらいトレードがうまくなりたいのだろうか。どれくらい困っているのだろうか。彼が本当に助けてほしいのか疑問に思う。実は、このようなことは何回か経験がある。受講生が熱心に言ってきても、実は口だけということがよくある。

このことについては、著名なトレーダーのエド・スィコータが、彼の友人でやはり素晴らしいトレーダーと交わした会話を思い出す。その友人はスィコータに、負けているトレーダーのコーチになって、彼のトレードに欠けている重要な点を指摘し、勝てるトレーダーに変えるつもりだと話した。

すると、スィコータは少し考えてから言った。「君はそのトレーダーに何も教えることはできない。負けているトレーダーは自分を変えようとは思わない。それができるのは勝っているトレーダーだけだ」

自分よりも優れた人に助言を求めることはだれでもできる。「強敵に会うてこそ、腕はなる」という格言もある。私はこれまで、すでにトレーダーとして自信を持って歩み始めている人たちにも助言してきた。ただ、そういう人たちには少し洗練させ、提案するだけでよい。

マンチェスターの友人から連絡が来るかどうかは分からないが、多くの人がお金を儲けたいと思ってトレード口座を開設することは分かっている。ただ、彼らの努力はその期待に見合っていないが、彼らの結果はその努力に見合っている。つまり、努力が足りていないのだ。

次のテーマに移る前に、警告しておきたい。私はチャートを使っ

てトレードしているが、チャートが利益をもたらしてくれていると
は考えていない。テクニカルアナリストは高値を恐れているという
文章を読んだことがある。言い換えれば、彼らは抵抗線が見えると
勝ちトレードを持ち続けることができない。

　次の第4章を「パターンの呪い」としたのは、パターンは私たち
を助けてくれる反面、トレードを難しくするものでもあると思って
いるからだ。パターンを探していると、そこにないものまで見えて
しまうときがある。

第4章

パターンの呪い

The Curse of Patterns

チャートの時間軸と価格軸を取り除くと、5分足チャートと1時間足チャートはおそらく見分けがつかなくなる。

これは、ある意味良いことだ。それならば、テクニカル分析を極めてから、自分に合った時間枠を見つけることができる。長時間、集中を切らさずにトレードできる人ならば、1分足チャートや5分足チャートで儲けるチャンスがたくさんある。

一方、時間に制約があるトレーダーは、おそらく1時間足や4時間足などの長い時間枠が良いだろう。そうすれば、そう頻繁にチャートを確認しなくてすむ。

仕掛けや手仕舞いのポイントを探すことに関しては、チャートのほうがファンダメンタルズ分析よりもはるかに優れている。そして、このツールはどんな時間枠でも使うことができる。

私はファンダメンタルズを使ったマクロ分析に反対しているのだろうか。そうではない。2つの手法は相反するものではない。これらは合わせて使うことで、お互いの欠陥を補うことができる。

ちなみに、私はチャート分析が聖杯だとも言っていない。これまでチャートを使ったトレードで大金を稼いできたが、チャートを読

む能力によって裕福なトレーダーになったわけではない。

　私はトレードに聖杯があるとは思っていないし、もちろんチャート分析が聖杯だとも思っていない。

パターンを探す性質

　アポフェニアは、ラテン語でパターンを探す性質ということを意味している。これは、ないものを見ようとする行動で、無関係の出来事に意味のあるパターンや関連を見つけようとすることである。これはたいていは無害だが、時には陰謀論のように証拠がない考えをあと押しすることもある。

　私たちの心は、すでに自分が持っているバイアスを確認する情報を探そうとする。そのため、チャート分析を完全に客観的に行うのは実質的に不可能と言える。

　私の昔のメンターだったブライス・ギルモアも、そのことを指摘してくれた。「トム、君はチャートで自分が教わったパターンしか見ていない」

　著作家のアナイス・ニンも似たようなことを言っている。「私たちは物事をあるがままに見ず、自分が見たいように見る」

　それがトレードと何の関係があるのか、と思ったかもしれない。昔、トレードで大金を儲けたニックという友人がいた。彼は優れたトレーダーだった、2004年までは。

　彼は、ゼロヘッジ（金融系の記事を集めたブログ）を読み始めてトレードに傾倒した。そして、記事に従って株式市場で弱気に転じ、空売りを繰り返すようになった。しかし、市場は上昇していた。彼は、2000〜2003年の弱気市場が下げ止まったことを受け入れられな

かったのだ。彼は市場をありのままに見ず、自分が見たいように見て、目の前の動きを否定し、弱気相場は続くと読んでいた。彼の意見が客観性を鈍らせ、彼が目の前のチャートでトレードするのをやめさせてしまった。

　ニックはもうトレードをしていない。

　私はチャートに関する本を書くつもりはなかった。フルタイムでトレードしているとは思えない人たちが書いたテクニカル分析に関する本はたくさんある。彼らはトレード口座を持っていて、たまにトレードしているので、トレード本を書く資格があると思っているのだろう。

　私はフルタイムでトレードしているが、チャートについて新たな情報を提供できるとは思っていない。チャート分析が私に利益をもたらしたわけではない。指標でもない。レシオやバンドが預金を増やしてくれたわけでもない。

　これから紹介するいくつかのチャートは、そのことを示すためで、テクニカル分析の利点を教えるためではない。

トレンドラインを信じすぎる

　チャートを学び始めると、トレンドラインに出合う。トレンドラインは使いやすいし、素晴らしいトレード戦略を与えてくれるように見える。事後に見ればなおさらだ。

　図表4.1は価格だけのチャートで、これを見ると熱心なテクニカルアナリストは、すぐにトレンドラインを引き始める。そうすれば、その日の全体像が分かると思っている。

　ここで思い出してほしい。脳の最大の目的は、痛みを避けること

図表4.1

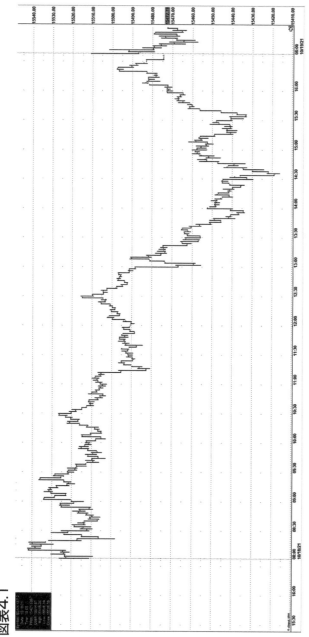

出所＝eSignal.com

88

である。ここは何度も強調しておきたい。そして、負けトレードは痛みをもたらす。

そこで、脳はうまくいかないセットアップを無視するように目に信号を送る。この選択バイアスが、トレンドラインの有効性についてゆがんだイメージを作り出す。

トレンドラインの代わりにチャートソフトについているどの分析ツール（フィボナッチ、ボリンジャーバンド、ケルトナーチャネルなど）を使っても、バイアスの効果は変わらない。

トレーダーの目は自分が見たいものだけを見る。仮に負けトレードが目に入ったとしても、重要視することはない。

そうなれば結果は予想できる。チャートには**図表4.2**のようにたくさんのトレンドラインと素晴らしいトレードのセットアップが書き込まれる。

無意識の力によってトレーダーは、負けトレードなど存在せず、トレードはすべてある程度の利益を上げることになる、と思い込む。

しかし、私のような皮肉屋のトレーダーは、ほかのトレーダーが見逃していることに気づく。ただ、それは彼らがそれを見る能力がないからではなく、それを見たいと思わないからだ。ここで**図表4.3**を見てほしい。

もしリサーチが仕事で、事後にたくさんのトレンドラインを引けば、おそらくトレンドラインは素晴らしいツールになって、もしかすると聖杯かもしれないと思うだろう。

トレンドラインに問題があるわけではないが、トレンドラインがお金持ちにしてくれるわけではない。利益をもたらすのは、トレードするときの考え方である。もしあなたが多くのトレーダーと同じように考えていれば、99%の儲けられないトレーダーと同じ結果し

図表4.2

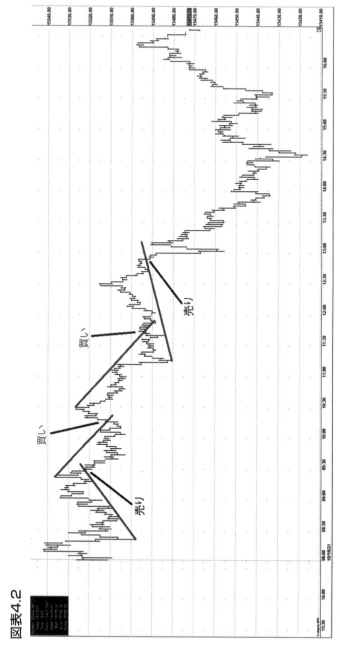

図表4.3

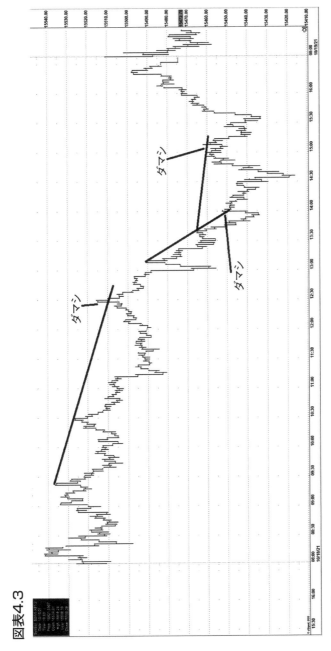

出所＝eSignal.com

か出ない。

　あなたは利益を上げたくないのだろうか。大衆から抜け出したくないのだろうか。利益を上げて大衆から抜け出したいのならば、トレードに使うツールと利益は関係ないということに気づく必要がある。

　ツールを調べても無意味だということを証明するため、世界的に尊敬されている2人のトレーダーについて書いていく。ラリー・ペサベントとラリー・ウィリアムズだ。

ラリー・ペサベントとラリー・ウィリアムズ

　2人のラリーはすでに高齢期に入っている。どちらもアメリカ人で、友人でもある。2人とも何十年もトレードの仕事を楽しみ、それで生計を立てている。

　『**フィボナッチ逆張り売買法**』（パンローリング）の著者でもあるラリー・ペサベントは、パターンの利用とフィボナッチレシオで知られている。『**ラリー・ウィリアムズの短期売買法【第2版】**』（パンローリング）などの著者であるラリー・ウィリアムズは、パターン認識によるセットアップで知られている。そして、2人とも自分のツールについて本を何冊も書いている。

　私が2005年に主催した講習会で、講演者の1人だったラリー・ウィリアムズがS&P500に関する統計を見せた。これは、数十年分の1時間足チャートで、主なリトレースメントが示されていた。

　想像できると思うが、そこにはあらゆるパーセンテージのリトレースメントが示されていた。しかし、有名なフィボナッチレシオである61.8％や38.2％は特に目立たなかった。61.8％や38.2％がそのな

かにあったのは間違いないが、ほかの多くのパーセンテージに埋も
れていたのだ。

　つまり、フィボナッチの魔法の数列が市場を支配しているわけで
はない。それならば、なぜラリー・ペサベントはうまくいっている
のだろうか。答えは単純で、100％当たらなくても利益率の高い戦
略を実行できているからだ。

　2016年に、私はノルウェーのオスロでフィボナッチレシオについ
てセミナーを開催した。このセミナーのために、私はドイツの
DAX指数が78.6％（0.618の平方根）リトレースしたケースをすべ
て調べ、78.6％のリトレースが全体のリトレースの20％しかなくても、
有用な戦略になるということを示した。ちなみに、この戦略は非常
に小さいリスクで大きな利益が得られなければ機能しない。

S&P500とフィボナッチ

　2021年の夏に、S&P500は4050から4550まで11％上昇した。そして、
図表4.4にあるとおり、上昇の途中でリトレースメント（押し）が
３回あった。ちなみに、フィボナッチリトレースメントである38.2
％や61.8％や78.6％を使うと、有利に買うことができると言われて
いる。

　これから、誇大広告と選択バイアスについて簡単な例で説明する。
図表4.5を見てほしい。

　フィボナッチレシオは、トレードの世界でよく知られているツー
ルだが、S&P500の先の３つのリトレースメントで、38.2％や61.8％
や78.6％になったものはなかった。

　実際、43％と74％のリトレースメントのほうが頻度は高い。私は

図表4.4

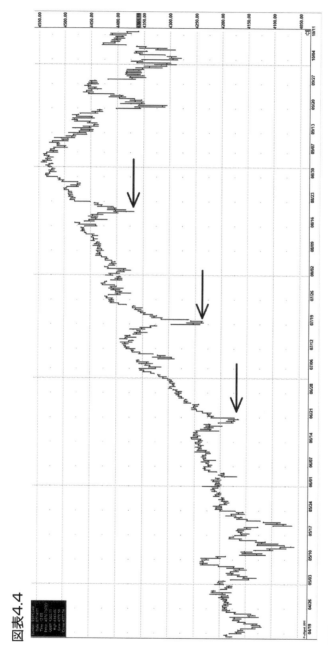

出所＝eSignal.com

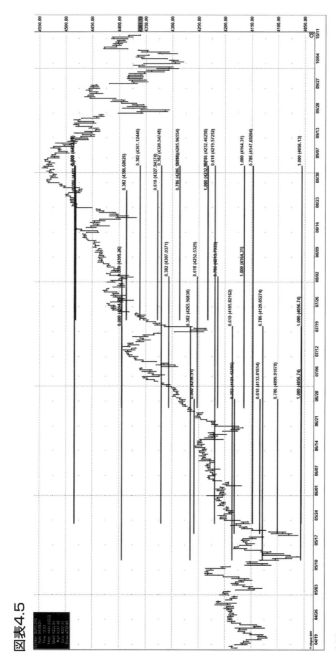

図表4.5

出所＝eSignal.com

これはランダムな結果だと思っている。私たちの信じる力というのはこんなものだ。

　私たちは、金融市場が拡大したり収縮したりするときにも魔法の数列が当てはまると信じたいようだ。市場には普遍的な秩序があり、それはフィボナッチと呼ばれる数学的な数列を使って宇宙を創造した崇高な神によって決定づけられていると信じたいのだ。

　そして、これが信者が信じ続ける程度の頻度でうまくいく。ただ、それがチャートの危険性でもある。チャートを調べるとき、私たちは上昇を逃さないように、買いを仕掛けるポイントを探す。あるいは、下落を逃さないように売りのポイントを探す。私たちはバイアスを持ってトレードを仕掛ける。

　これが、パターンを探す傾向である。気をつけてほしい。

スペインの離婚率

　無知の定義は、知識や情報が欠如していることである。賢い人でも、何かの分野については無知ということもある。例えば、私は運命の人や地球平面説についてはかなり無知だ。私がこれらのことに無知なのは、関心がないか、信じていないからと言える。

　これは理にかなっている。特に、自分の運命の人を探すということについてはそうだ。私は、永遠に一緒に過ごしたいと願う自分と完璧に合うたった1人の人が現実にいるとは思えない。

　私は愛については無知かもしれないが、統計を読むことはできる。それによると、ある国では運命の人がお互いを探し当てる可能性が高いことになっているが、私はそうは思わない。

　例えば、スペインやルクセンブルクでは、運命の人を公言する人

は多くない。スペインの離婚率は65％、ルクセンブルクでは87％に上ることを知っているだろうか。

　一方、イギリスの離婚率はたった42％である。これは、イギリスに住むほうがスペインよりも運命の人が見つかる可能性が高いということだろうか。

　太陽とランダムに定義された星座の位置関係が、そのとき誕生した子供の性格に影響を与えると信じている人はたくさんいる。

　同様に、市場は解くことのできる方程式で、解読できる暗号だと信じている人たちもたくさんいる。しかし、これは妄想で、少し丁重に言っても、無知である。

ローソク足のカリスマの詐欺

　次のエピソードは訴訟沙汰にならないように、中心人物の名前は書かないことにする。1990年代にローソク足チャートが大流行したとき、それを普及させたある人物と別の高名なトレーダーと私は、あるレストランにいた。

　この人物は当時、ローソク足チャートに関する本を何冊も出していた。私は彼に、すでにあるパターンと実質的に同じものに別の名前を付ける必要があるのかと聞いた。

　例えば、はらみ足とはらみクロスは実体があるかないかが違うだけだが、その意味も目的も同じであり、どちらもいわゆるインサイドバーの形になっている。

　これは、私にはトレードのための合理的な理由というよりも、商業的な理由で意図的にパターンを増やしているように思えた。ほかにも、ほぼ同じパターンなのに異なる名前が付いたものがたくさん

あった。

　私は、彼が好んで使っているパターンや常に使っているパターンのセットがあるか質問し、それらをどの時間枠で使っているかも聞いた。

　彼は、トレードにパターンは使っていないと答えた。それどころか、彼はトレードをまったくしないと言った。

　あなたがどう思うかは分からないが、私は納得がいかなかった。私は即座にこの紳士と縁を切ることにした。彼の唯一の目的はできるだけたくさんのパターンを作り出して本や講習で紹介し、トレードソフトのアラートを増やすことだと私は感じた。

　私は、ローソク足チャートに価値がないと言っているのではない。ただ、すべてのパターンに統計的妥当性があるとも思えない。

　ちなみに、そう思っているのは私だけではない。いくつかの学術的な研究論文でも同様の主張がされている。そのなかの1つを紹介しよう。これはモハメド・ジャマルーディーンとエイドリアン・ハインツとリサ・ポラシアによる「日本のローソク足の予想力に関する統計的分析」という論文だ（ジャーナル・オブ・インターナショナル＆インターディシプリナリー・ビジネス・リサーチ、2018年6月号）。

　　日本のローソク足は、株や指数や商品の過去のプライスアクションを、始値と高値と安値と終値を使って記録していく方法である。ローソク足は、将来の価格の動きを予想すると考えられているパターンを形成する。この10年で、ローソク足の知名度は急速に広まったが、その効果に関する統計的証拠はまだ少ない。本稿では、「流れ星」と「カラカサ」の予想力をS&P500

の60年分のデータを使って分析した。その結果、終値を使った場合のパターンの予想力は、過去においてはあまり高くなかった。

また、ピヤパス・サラバンジとバサン・シラプラパシリとキッチャイ・ラジチャマハの研究でも、次のように結論付けている。

本稿は、ローソク足パターンの利益率を保有期間1日と3日と5日と10日で調べたもので、ローソク足の強気のパターンと弱気のパターンの予想力を、テクニカルフィルター（%D［ストキャスティックス］、RSI［相対力指数］、MFI［マネーフロー指数］）を使った場合と使わない場合について、歪度修正したt検定と二項検定によって調べた。

この統計分析によって、強気でも弱気でもローソク足の反転パターンを使った場合の平均利益は統計的にゼロと変わらなかったため、パターンは有用ではないことが分かった。

それに、統計的優位なリターンだった場合も、標準偏差の観点から言えばリスクが高かった。また、二項検定の結果もローソク足パターンで市場の方向性を予想しても信頼できないことを示した。さらに言えば、今回の調査では、%DやRSIやMFIのフィルターを使った場合でも、ローソク足パターンの利益率や予想精度は上がらなかった。

トレーダーは注意せよ

証券会社や講師はとんちんかんなことをする。彼らは、できるだ

けたくさんのパターンを学べば、トレードでの勝率が高くなると教える。しかし、これは間違っている。むしろ、パターンをたくさん知っていると、良いポジションを手仕舞いたくなる傾向が強くなる。

テクニカル分析やパターンに問題があるわけではないし、ローソク足のパターンや指標やレシオやバンドだって同じことである。私自身はこれらの多くを信じていない。主観的で、精査に堪えないと思っているからだ。ただ、そうは言ってもトレードはかなり主観的なものであり、かなり正しくなくてもトレードで十分生計を立てることはできる。

したたか者は言う

友人のトレバー・ニールが運用するヘッジファンドは、勝率が25％だという。彼のエピソードを一例に、プロのトップトレーダーの仕事のやり方と思考について洞察を深め、参考にしてほしい。

また、この話は市場で利益を上げる方法はたくさんあることを思い出させてくれる。すべきことはだれかのまねをするのではなく、自分が好きになれる方法や、自分に合う方法や、自分がやりたいことに合った方法を見つけることである。

このエピソードは、私がニールにある質問をしたときに教えてもらった。私は、彼が『デマークのチャート分析テクニック』（パンローリング）の著者であるトム・デマークとデマークが考案したTDシーケンシャルという指標にかかわっていたことを知っていた。デマークは、テクニカル分析業界の伝説的人物である。

私自身も、ずっと以前にブルームバーグの昼食会でデマークと会ったことがある。彼は感じが良い人物に見えたが、私は彼の指標に

ついてあまり知らなかったので、さしたる話もしなかった。彼の指標はブルームバーグの端末がなければ使えなかったからだ。

当時、ブルームバーグの契約は年間2万5000ドルくらいかかった。今日ではデマークの指標は多くのトレードプラットフォームに組み込まれているので、興味のある人は探してみてほしい。

私がニールにTDシーケンシャルについて質問すると、彼の目が輝いた。そして、彼と彼の友人がこの指標を非常に短い時間枠で使うとエッジになると気づいたときのことを話してくれた。

彼らは南アフリカに行き、現地の株を1分足チャートでトレードし始めた。私は、相当の金額を運用しているプロのファンドがこれほど短い時間枠でトレードするなど聞いたことがない。

しかし、このエピソードで私が感銘を受けたのはそのことではない。私が最も感銘を受けたのは、ほかのトレーダーがひどい勝率だと思っている戦略で、彼らが大きな利益を上げたことだった。

ほとんどの人は、勝率が50%を超える戦略を使う必要があると思っている。しかし、ニールは勝率は変わると教えてくれた。うまくいくときもあれば、そうでないときもあるというのだ。

うまくいっているときの勝率は40%に達するが、そうでないときは20%半ばまで下がる。

ただ、全体として見れば、100回のトレードで25～30回が勝ちトレードになり、彼らは大成功を収めた。

彼らはこのファンドを数年運用したあと、資金を投資家に返還した。経験豊富な彼らは、十分な利益を上げたと判断したのだ。そろそろ国に帰って家族と大事な時間を過ごすときだと考えた。もし彼らがもっと若ければ、おそらく運用を続けただろう。

あなたはどう思うか分からないが、私はこのエピソードが気に入

っている。この話は、私がトレードについて思っていることを再確認できる。いつトレードするかを考えるほうが、戦略の勝率が50％か70％か90％かよりもはるかに重要だからだ。

このエピソードは、適切な資金管理のルールと必要な忍耐力があれば、トレードでだれでも大儲けできるという決定的な証拠ではないが、2人のトレーダーが常識的に見れば利益を生みそうもない低い勝率の戦略で大金を稼いだ素晴らしい例と言える。

秘訣は何だったのだろうか。

答えは簡単だ。彼らは100回中75回は負けていたが、25回の勝ちトレードの利益が75回の負けトレードの損失を上回っていた。ニールによれば、勝ちトレードの利益はリスクの25倍だった。また、仕掛けるのは即座にうまくいくことが期待できるときだけだとも言っていた。それを聞いて、私はさらに質問した。

「即座にうまくいくことを期待するというのはどういうことか」と聞くと、彼は言葉どおりだと答えた。彼らは、仕掛けるときはすぐに順行することを期待していたため、50で買って48になればすぐに損切った。

つまり、彼らは多くの小さい損切りを重ねていた。彼らが行ったバックテストは、この戦略で正しくトレードすれば、すぐに利益が出ることを示していた。つまり、すぐにうまくいかなければ、すぐに損切っていたのだ。

信じて行動する

結果や影響を恐れずに行動できれば、それがトレードする理想的な状態と言える。しかし、トレードでどれほど多くの人が資金を失

っているかを考えると、論理的にこのような状態でトレードするのは難しいという結論に至る。実際、このような精神状態に簡単になれるとか自然になれるなどと考えるのはバカげている。それは無理な話だ。

　私はドイツ出身のトレーダーと2～3カ月一緒にトレードしていたことがある。彼は、何もしないという超人的な能力を持っていた。そして、さらに信じられないような忍耐力も持っていた。私は一緒にトレードしている間、彼と忍耐力を競うことにした。

　これは楽しかったが、あえて言うなら少し苦しかった。私は良いトレードをたくさん逃したが、仕掛けたものはほかよりも大きな利益が出た。

　自分自身に対して忍耐強くなければならない。知識を自分のなかに定着させ、成熟させなければならない。今は小サイズでトレードしていても、将来は大きなサイズでトレードしたいのならば、その道のりには紆余曲折があるものだ。

　この道は前進したり後退したりしながら進んでいくことになる。前進と現状維持を繰り返すときもある。それは間違いない。そうするなかで、自分がなりたいトレーダーに成長していく。

　トレードを仕掛けるにも忍耐が必要である。自分自身に対しても忍耐が必要だ。ただ、その2つの資質があれば、いずれ結果は付いてくる。トレードサイズは、頭のなかで警報が鳴ったり恐ろしくなったりしないペースで大きくしていくとよい。

　このことについては、本書終盤で詳しく述べる。そうでなければ、悪気はなくてもアルコール依存症の友人に「飲むのをやめればいいじゃないか」という人と変わらない。

　そんなに簡単ならば苦労はない。同様に、私が「もう少し忍耐を

持てばいい」というのも、ビーガンの集会に豚の丸焼きを差し入れるくらい役に立たない。

　私が高く評価している優れたトレーダーに、ロンドンでヘッジファンドを運用しているグレッグ・コーフィーがいる。あるとき、新聞に彼のことを顧客が「謙虚で傲慢でもある完璧なトレーダー」と評した記事が載っていた。

　コーフィーは自分のトレードに傲慢と言えるほど絶対的な自信があるが、トレードがうまくいかないときにはそれと同じくらい謙虚にもなるとも書いてあった。

　次の格言を覚えておいてほしい。

知っていることが命取りになるのではない。知っているつもりでも実は知らないことが命取りになる。

トレードという戦いの本質

　トレード自体は変わらないし、この先もそうだ。アルゴリズムでトレードが変わるわけでもない。法律でも変わらない。それは、トレードが自身の内面との戦いだからだ。勝つためには、チャートに費やすほどでなくても、かなりの時間をかけてトレードという戦いに必要な人間（自分自身）の性質を理解しなければならない。

　トレードは自分自身を知り、市場を理解することによって正しい方向に進むことができる。トレード自体は変わらない。しかし、トレーダーは入れ代わる。当然だ。私たちはみんな年をとって死に、代わりに若い人たちが入ってくる。ただ、残念ながら人は変わらない。それでも、並外れた努力をした人は、そのかぎりではない。

　私たちの脳のなかには、変化を好まない爬虫類脳がある。これは
「壊れてないのになぜ修理する必要があるのか」と考える。しかし、
自分が知っているやり方で儲からないならば、それは実際には壊れ
ている。もし変わることによって、これまでとは違う枠組みのなか
で生き、違う視点で恐怖や希望をとらえることができるというので
あれば、そうすればよい。

チャートの役割

　１色で絵画の大作を描くのは難しい。１つの栄養素だけでミシュ
ランの星がもらえる料理を作るのは難しい。それらと同じように、
チャートに集中するだけでトレーダーとして生き延びることはでき
ない。

　チャートの役割とは、ほかの市場参加者の考えを視覚的に表すこ
とにある。チャートがあれば、仕掛けや手仕舞いの条件を、ファン
ダメンタルズ分析よりも具体的に決めることができる。

　ただ、チャートのランダムな動きはトレーダーを惑わす。それで
も長期的に見れば、トレード口座の残高を桁違いに増やしてくれる
のは、チャートを読むスキルではない。

　心を制御するのは簡単なことではない。人は、意識的な思慮深い
脳が反応を決める前に、反射的な脳が結論を出す。

　本書の唯一の目的は、あなたの脳を利益を上げるトレーダーの脳
にして、正しいツールを提供することにある。

　私たちの脳は、コントロールできなければ脆弱だ。私は、トレー
ドにおける心理学の役割について講演するとき、いつもフェデラル・
エキスプレスのロゴを見せて、「矢印はどこにあるか」と質問する。

図表4.6

（**編集部より**　紙上では分かりにくいので、「チェッカーシャドー錯視」で検索し、映像で確認してください）

　このロゴを知らない人は調べてほしい。矢印がEとxの間に隠れている。

　目と脳の連携は非常に興味深い。目が見ているものと、脳の反射的な衝動が見ていると告げるものは別なのである。

　自分が見た瞬間に考えたことを信じる傾向は、観察と訓練によってのみ気づくことができる。

　図表4.6の画像で考えてみよう。AのマスとBのマスのどちらが濃いだろうか。

　おそらくあなたの脳はAのほうが濃いと判断しただろうが、どちらのマスもまったく同じ濃さだと聞いたら驚くかもしれない。MIT（マサチューセッツ工科大学）のエドワード・H・アデルソン教授が1995年に発表したこの錯視の画像は、人の脳が目から受け取った

情報を誤解することをはっきりと示している。

　別の例は、あなたも経験があるかもしれない。本で説明するのは難しいが私の講演での様子を紹介しよう。ちなみに、これは本書を書く動機になった脳を適応させる練習でもある。

　私は講演の参加者に、赤い四角を描いたパネルを見せ、色を聞いた。みんな一斉に「赤」と答えた。

　簡単だ。次に、黄色い四角を描いたパネルを見せた。みんなまた「黄色」と答えた。

　次は緑の四角を見せると、みんな「緑」と叫んだ。

　赤、黄色、緑、ここまでは順調だ。

　参加者は考える必要もない。これは無意識反応の支配力がいかに強いかを示している。

　次は少し難しくなる。黒いインクで「赤」という文字を書いたパネルを見せ、何色か聞いた。

　多くの人が「赤」と答えた。

　次は赤のインクで「黄色」と書いた紙を見せた。一部の人は「赤」と答えたが、「黄色」の声のほうが多かった。

　このように、色の名前を違う色のインクで書いたパネルを見せることを続けていくと、参加者の正答率も上がっていった。私はこのゲームで、目と脳が必ずしも連動していないということを参加者に示した。「赤」という言葉を見た脳は、正解が「青」でも、「赤」と答えたくなる。つまり、私たちは、脳が結論に飛びつくのを常に意識的に止める必要があるのかもしれない。

　このことがトレードで重要な特性なのは、私たちが実際にはそこにないものを見てしまうことがよくあるからだ。

　チャートは、リアルタイムでは事後で見たときほどうまく機能し

ない。残念ながら、トレードは信じて行動するしかない。

　何回か失敗して苦労しているならば、それは脳が痛みから自分を守ろうとしているからだ。シグナルを勘繰るようになり、自分にとって最善の利益を妨害しようとする。私にも経験がある。実際にやった。しかし、解決策はある。

良いトレードは人の性質に反する

　私がトレードに関する講演をするときは、対面でもYouTube（ユーチューブ）でも、価値と価格の概念について話す。あるものの価値はどれくらいあるのだろうか。

　私が乗っている車は、約1万ポンドの価値があると思う。しかし、自動車ディーラーは8000ポンドだと言う。私が今、売りたいとしたら、この議論に勝つのはどちらだろうか。

　価値は、感情的でバイアスがかかった判断である。その一方で、価格は買い手と売り手が合意した数字だ。もっと価値があると言うのはあまり意味がない。

　あるものの価値が将来上がる、または下がると予想することはできる。つまり、それがトレードという仕事の本質だ。心理学はさておき、私は自分が買ったものの価格が上がると期待して買う。

　ソクラテス以前のギリシャの哲学者だったヘラクレイトスは、「同じ人が同じ川に2回入ることはない。川は常に変化しているし、人も常に変化しているからだ」と言っている。これは投機でも覚えておくべき重要な概念である。市場も常に変化しているからだ。

　人は変化に対して相反する感情を持っている。変わりたいと思うのは、そうしなければ人生は平凡で退屈だからである。しかし、変

化が自らの動機や熱意によるものではなく、押し付けられたものならば、私たちは不快に感じる。

　私がトレードでは考え方が重要だと初めて知ったのは、ファントム・オブ・ザ・ピットと呼ばれる無名のトレーダーのトレード生活について書いた本を読んだときだった。これは無料の本で、私のウェブサイト（https://tradertom.com/）のResourceから入手できる（https://tradertom.com/resource/the-phantom-of-the-pits/）。

　この本のなかで謎のトレーダーは、トレードで唯一最も重要な概念は、行動の修正だと主張している。精神バランスを崩さないで自分の考えを変えることができることが、トレーダーにとって最も重要な能力だというのである。

　Telegram（テレグラム）でライブのトレードチャンネルを運営していると、常に質問を受ける。質問の多くは経験が浅いトレーダーから寄せられる。よく聞かれるのは、「なぜトレンドに逆行して仕掛けるのか」ということだ。

　これは無知で無邪気な質問なので微笑むしかない。無知だというのは、すべてのトレーダーがトレンドに逆らっていると言えるからだ。

　逆らっているかどうかは、どの時間枠を見ているかによって変わる。5分足のローソク足チャートでトレードしているならば、週足チャートが下落していても関係ない。気になるのは5分足チャートのトレンドだけだ。

　無知だという理由はほかにもある。テクニカル分析自体が矛盾をはらんでいるからだ。

　考えてみてほしい。

　トレンドに従えと言われても、ダブルトップで売ればどうなるだ

ろうか。トレンドに逆行することに賭けたことになる。同じことは
ダブルボトムについてもいえる。下げているなかで買うことになる
からだ。

30年分のデータ

　私はデイトレーダーで、主にダウ平均などの株価指数をトレード
している。私は、ダウ平均の過去30年分の終値を見ている。これは
取引日で言えば7500日分に相当する。このデータから、ダウ平均が
前日よりも高く終わった日と安く終わった日を調べた。

　私は、過去30年にダウ平均が3300ドルから３万6000ドル近くまで
上昇したのだから、終値が上げる日のほうが下げる日よりも多いの
ではないかと予想していた。しかし、それは間違っていた。

　過去30年間で、前日よりも終値が上昇した日は全体の50.4％しか
なかった。つまり、ダウ平均の上げ日と下げ日の割合はほぼ同じだ
った。

　この予期しない結果は、５分足チャートでは何でも起こり得るた
め、私のようなデイトレーダーは長い時間枠のトレンドを当てにで
きないということを意味している。

　トレーダーが直面する課題は、ヘラクレイトスの言葉で簡単に説
明できる。１リットルの牛乳を買うときに、私たちは牛乳が均一な
製品だと分かっている。どこで買っても牛乳は牛乳なのだ。

　そのため、ある店の牛乳が次に行った店の２倍の価格ならば、最
初の店の牛乳は高くて２番目の店は安いと結論付けて間違いない。

　しかし、株や通貨や指数は川のように常に変化している。そして、
その変化はトレーダーや投資家の相互作用がもたらしている。

　彼らの行動は、彼らの将来に対する意見に基づいている。あなたは彼らの意見に同意するかもしれないし、同意しないかもしれない。ただ、ほとんどの人が間違っていると言うのは、市場で効率的に儲けたいのであれば、逆効果でしかない。

　パートタイムでトレードしている人の多くが、本業では大成功しているのにトレードでは苦戦している。トレードの世界で成功するためにすべきことは、トレード以外の世界のそれとはかなり違う。

　例えば、夕食の材料を買うためにスーパーマーケットに行き、鶏肉が安ければ買いたくなる。もし鶏肉が半額ならば、大変なお買い得だから多めに買って冷凍しておこうと思うかもしれない。

　私たち人間には、安売りに引かれる性質がある。お買い得を探したいし、それを利用したい。何かを安く買うことができると、満足感を得る。

　昨日、買い物に行くと、安売りの棚があってすべてが半額以下だった。私は、石鹸と洗剤と洗濯石鹸を1年分買いだめした。

　いっぱいになったカートを見て私は苦笑した。自分の行動に関するこの章を執筆するところだったからだ。この1年のどこかの時点でどうせ買うものを70％も安く買えて素晴らしい気分だった。

　率直に言おう。トレンドと逆に買えば、大きく節約できる。

　もし可能ならば、私は冬のジャケットを外に熱波が到来しているときに買おうとする。店はこの時期、冬用の商品はできるだけ減らして、夏服の場所を作りたい。

　一方、私は夏服を、外は2メートル近い雪が積もっているときに買いたい。普通でないことは分かっているが、だからそうしたいのかもしれない。私はバーゲンが好きだ。ただ、安く買いたいのは私だけではないと思う。

前述のとおり、トレードの世界は、トレード以外の世界と正反対である。私がトレード以外で示す人としての性質は、トレードの世界では役に立たない。これは、私に限ったことではなく、みんなそうである。

私たちの脳にとって、トレードにおける行動とそれ以外の世界の消費者行動を区別するのは難しい。その違いを見ていこう。

スーパーマーケットの安売り

スーパーマーケットで以前よりも安くなっているものや、2つ以上買えば割り引いてくれるものがあると、私は買いたくなる。この行動は、無意識のうちに脳が快楽に駆り立てられて起こる。

この行動は、最安値の製品を探す合理的な消費者の行動である。スーパーマーケットもそのことを知っているため、彼らは私の出費が最大になるよう提供価格を調整している。

私の行動は、予算の範囲内で最大の喜びが得られることを目的としたもので、それができると幸福感を得ることができる。

金融市場の安売り

日中、FTSE指数が下落しているのを見ると、私の頭は値下がりと、価値や安くなることを関連づける。

しかし、このとき衝動で行動すると、2つのうちのどちらかが起こる。

1．自分の価値感覚が確認され、市場が上がり始める。

２．自分の価値感覚が確認されず、市場が下がり続ける。

　挑発的に聞こえるかもしれないが、次に何が起ころうと結局は負ける。もしこのトレードで勝ったとしても、だ。

　安いという衝動以外にさしたる理由もなく買ってしまうと、市場が下げ続ければ負ける。そして、市場が下げ続けない理由はない。トレンドは継続するというのがテクニカル分析の前提だ。市場は慣性があるため、今起こっていることが続く可能性は50％を超えている。

　その一方で、買ったあとに市場が上がり始めたとしても、いずれ負けることになる。それをすると、脳に落ちていくナイフをつかんでよいのだと教えてしまうことになるからだ。

　この成功体験によって、自分の脳に下落している資産を買う喜びというパターンを植え付けることになる。

　ちなみに、私は真剣にトレードに向き合うようになってからは、１日が終わると自分のトレードを見直すようになった。チャートを印刷して自分のトレードを描き込んでみると、10回中８回のトレードは衝動的なものだと分かった。それからは衝動的なトレードを意識的に減らすようにした。こうしてトレーダーの道を進んでいくと、利益が出るようになった。衝動的なトレードが減ると、利益は増えていき、トレードで得る満足感も大きくなっていった。

自己分析

　１日のトレードが終わったあとにトレードをチャートに慎重に記録して自分のトレード行動を分析すると、私はかなりのバリュート

レーダーだということに気づいた。私は上昇しているときに売り、下落しているときに買うということを繰り返していたのだ。

　毎日、自分が買っているときはだれかが売っているか買いポジションを手仕舞っているということを思い出すことが、私の助けになっている。私がトレードで成功した重要な要素で、負けトレーダーから勝ちトレーダーに変貌できたきっかけは、金融市場にバーゲンはないことに気づいたことだった。

スーパーマーケットで探す代用品

　スーパーマーケットで買い物をしているときにある商品が値上がりしていたり、以前あった商品がなくなっていたりすると私は苦痛を感じ、代わりの品を探し始める。これは、人としてまったく合理的な行動だ。

　私の姉はドイツ在住で、よくベルリンからイージージェット航空の飛行機に乗っている。彼女は、「25ユーロ節約できるならば、夜中に起きて朝5時のフライトに乗る」と言って笑う。

　このような性質は多くの人にあると思う。

金融市場で探す代用品

　金融市場で何かが値上がりすれば、それは需要があることを意味している。高く見えても、それは買い手と売り手の希望が均衡している価格でしかない。

　私はこのことを理解するのに何年もかかった。最初は高いと思い、その誤った見方を私が使用していたテクニカル指標があと押しして

いた。

　ストキャスティックスのような指標は、市場が買われ過ぎだとか売られ過ぎだと示す。言い方を変えれば、安いとか高いということである。私が今、テクニカル指標を使っていない理由はここにある。私はチャートに何の指標も加えていない。

　金融市場のひねくれたところは、昨日よりも高いものを買うことがたいていは理にかなっていることである。

逆境に対処する

　私は人生で辛いとき、忍耐強く解決しようとする。私は努力と決意で問題を解決できることを期待する。時には強制力や権限を行使することもある。

　ただ、どれだけの努力や決意や祈りをもってしても、トレードの悪いポジションを良いポジションに変えることはできない。結果は市場が同意してくれるかどうかだけで決まる。どれほど金持ちでも、どれほど大物で権力を持っていても、市場が同意してくれなければうまくはいかない。

　市場で痛い思いをするのは、自分がそうさせたからだ。市場は上昇するときもあれば下落するときもある。あなたが仕掛けていてもいなくても、儲かっていてもいなくても、そんなことは市場には関係ない。市場はあなたのことなど知る由もない。

　利益が出るときは、市場と足並みをそろえることができたからだ。市場は、すべての市場参加者の勢力が組み合わさったものにすぎない。そしてだれでもあなたと同様に、トレードで利益を上げようとしている。

115

残念ながら、全員が儲けることはできない。私は何年も苦戦した
あと、自分と市場の関係ではなく、自分の市場の動きに対する反応
の仕方を変える必要があることに気づいた。

　その過程で必要なことは、ほとんどが自分が生活するうえでの価
値観や考えを、トレードには適用しないということだった。普通の
世界で思いどおりにならないときは、相手を一生懸命に説得する。
私はなかなか説得力があるので、たいていは望んだとおりになる。

　現実の世界では、そのような性質が助けになっているが、それが
トレードのパフォーマンスには悪影響を及ぼす。市場はあなたのポ
ジションのことなど関知していない。あなたが買っていても売って
もトレードしていなくても、関係ない。市場は、あなたやあなたの
ポジションに対する感情など一切ないのだ。

　要するに、人としてまったく普通の性質が、トレードの世界では
邪魔になってしまうのである。

　私が知っている成功しているトレーダーは、みんなこの自己変革
のプロセスを経験していると思う。人によってゆっくりと変化して
いったケースもあれば、特定の状況に陥ったことがきっかけで急激
に変化したケースもある。

　なかには自分に愛想が尽きて、ルールに従うかトレードをやめて
しまおうと決意した人もいる。

ただ客観的に観察する

　親しい友人のデビッド・ポール博士は、自身の自己変革について
次のように説明している。

私は機械工学の博士号を修得している。デビアスで働いていたときに掘削ドリルを発明して富を得た。鉱山会社を所有していたこともある。つまり、私は大きな自信と大きな資金を持って市場に参加したと言ってよいだろう。

投資は1980年代に始めた。当時は、株式市場で簡単に利益が上がった。株を買って、あとは待てばよかったからだ。私は待っている間に初期のコンピューターでプログラミングを始め、独自の銘柄選択プログラムを作った。これは、当時としてはとてつもなく洗練されたソフトウェアだった。

ある日、このプログラムが市場が大きく上昇すると告げた。私は取引開始と同時に証券会社に電話をして、大きな買い注文を出した。

もちろん、市場は私のプログラムが告げたとおりになった。市場はさらに上昇し、私は自分の分析が正しくて、利益が出ていることを喜んだ。プログラムはさらに強く上昇すると予想していたため、私はポジションを保有し続けた。

ところが、しばらくすると市場が下がり始めた。私は少し驚いたが、それは一時的な異常で、増し玉する良いチャンスだと思い、そうした。しかし、市場は下げ続けた。下げは止まらなかった。

私は少し心配になった。そこで、証券会社とトレーダーの友人たちに電話をして、下げている理由を聞いた。だれもがこの状況を説明できず、困惑していた。彼らの分析でも、市場は強く上昇すると示唆していた。多くのニュースレターも今はエリオット波動の第3波の途中で、すべてが上昇を示していると伝えていた。

私は、この状況についてトレーダーの友人や証券会社と話をしたことで少し気が楽になり、きっと一時的な動きだろうと考え、この機会にさらに増し玉した。市場はしばらく反発したため、この日の安値で増し玉できて良かったと思った。

ところが、市場は再び下げ始め、私はかなり心配になり、少し怖くもなってきた。この時点で、私のポジションはかなり大きくなっていた。

ちょうどそのとき、妻が私の部屋に来て、夕食は何がよいかと聞いた。このとき妻は私が気が散っているか戸惑っているのを感じたようだ。彼女はデスクに歩み寄り、トレード画面を見ながら、「あなた、何かあったの」と優しく聞いた。

「いや、ただ仕事をしているだけさ。私のプログラムが市場は上がるはずだと伝えているんだよ」といって、画面を指さした。「このプログラムは間違ったことがないし、証券会社や友人たちとも話して、みんな上がるはずだと言っているのに、なぜか下がっているんだ」

妻は画面を見て言った。「あなたはこの市場でトレードしているの」

「そうだよ。ただ、なぜ下げ続けているのかまったく分からない。きっと近いうちに上がり始めるよ」

「でも、今は上がってないわよね」と妻が聞いた。

私は少しイラついて言った。「そうだよ。でも君には分からないかもしれないけれど、私のプログラムもエリオット波動も上がると言っているから、必ず上がるはずなんだ」

「そうね。私にはあなたのプログラムもエリオット何とかも分からないけれど、今は上がっているようには見えないわ」

このとき私が大きなため息をついたことをはっきりと覚えている。私は不機嫌になりながら愛する妻に言った。「そうだね。でもここを過ぎたら上がり始めるんだ。絶対なるはずだ。これはAB＝CDのパターンだ。私のプログラムがそう言っている。証券会社も言っている。トレード仲間もエリオットオ波動もだ。彼らと私のプログラムが間違っているなんてあり得ないよ」

「そのとおりね。ごめんなさい。私にはあなたのプログラムもエリオット何とかも証券会社が言っていることも分からないわ。私が分かるのは、目の前の市場が今は下げているということだけよ。それは間違いないわよね」

私は画面から目を離し、妻を見た。「今言ったことをもう一度言ってみてくれないか」

妻は戸惑いながら言った「今、この瞬間、この市場は下げているわよね」

そのとき、私は雷に打たれたように気づいた。私は市場を見てトレードしていなかった。自分の意見でトレードしていたのだ。私は笑ってしまった。市場で利益を上げるためにしなければならないことが今、初めて分かった気がしたからだ。最もやってはいけないことが、私を今苦しめている。何としてでもこのトレードで負けないようにした結果、負けている。市場が伝えようとしていることに耳を傾けなかったからだ。

私はこの瞬間、勝つためには負けることを学ぶ必要があるということに気がついた。簡単なことだった。私は市場を見てトレードしないで、自分のエゴを押し通そうとしていた。

私はすぐに証券会社に電話して、この買いポジションをすべて売った。そして、空売りの大きなポジションを取った。案の定、

市場はさらに下げ続けた。

この日から私のトレード人生は変わった。私はもう専門家の理論はあまり気にせず、市場がどこに向かっているかを予想するのもやめた。私は市場を見てトレードするようになった。これは貴重な体験だった。そして、大きな利益が出るようになった。私がこれまで読んできたものの一部は、まったく間違っていたり、トレードするのに有害だったりしたことに気づいたのだ。例えば、私たちはだれしも「安く買って高く売る」という原理を学ぶ。私はこれを「安く売ってさらに安く買い戻す」「高く買ってさらに高く売る」と言い換えることにした。

身を任せる

ポール博士に彼の経験をまとめてもらった。

自分自身の生活を考えてみてほしい。サーフィンが好きな人は波を待ち、そのエネルギーの流れを目指してパドルし、波に乗る。トレーダーがすることも変わらない。

インパクトゾーンを待っているとき、波がなければパドルしない。忍耐強く待つだけだ。正しいサイズの波ができ始めたら準備する。海と一体になって、流れに乗る。自分の身を任せるのだ。

市場で成功するためには、市場に身を任せる必要がある。地球上のすべての人が、かなりの時間とお金と価値を自分の知っていることにつぎ込んでおり、その知識を放棄することなど考えもしない。

　ただ、あなたや私がトレードする目的は、自分が正しいと証明したり、エゴを押し通すことではない。私たちの仕事はお金を稼ぐことだ。もし意見を持って市場に参入し、それが正しいと証明されればそれでよい。

　もし市場に従って意見を変える必要があれば、それもよい。私よりも霊感が強い人ならばこう言うかもしれない。「心を空にして、市場の導きに従え」

トレードに必要なことは見かけほど多くない

　実は私たちの複雑な脳は、単純な情報を処理するのにかなり苦労する。脳が複雑でないことを無視しようとするのは、単純なことでは利益にならないと考えるからだ。

　あなたの目的は何だろうか。簡単に言えば、お金を稼ぐことだ。以前の私は、起こるべきことに気をとられていた。しかし、利益を上げるためには今、ここで何が起こっているかに集中しなければならない。

　本書の執筆を始めたとき、実用的なものにしたいと思った。私はトレードのセラピストや心理学者ではないので、そのふりをするつもりはない。そうではなく、トレードにかかわり、良いことも悪いことも経験した人間として、トレードの本質を示したいと思っている。

　この何ページかは少し理論的になりすぎたかもしれないが、ここからは現実のケーススタディーを使って説明したい。次のケースは2019年7月に開かれたラウンド・ザ・クロック・トレーダー（トレードの教育用プログラム）のイベントで私が行った実際のトレード

である（録画も残っている）。

　まず、市場には偏見を持たず、真っ白な気持ちで臨むということを説明したい。私はこのとき、ある指数をダブルボトムができたあとに買った。状況は良さそうだ。私は12808で仕掛け、12818で増し玉した。ところがそのあと、この指数が下落した。5分足チャートでは3つの安値を付けた（このような足を私は、逆行していれば「逃げ出せ足」、順行していれば「増し玉足」と呼んでいる）。私の買いは間違っていた。

　そこで、すぐにこの買いポジションを手仕舞い、売りに転じた。この指数が下降トレンドに入って比較的早い時期だった。このイベントには約500人のトレーダーが参加していた。このときうれしかったのは、私が最初のトレードで負けたことでも、すぐに最初の損失を取り返したことでもなく、しつこく負けトレードを保有し続けなかったことで、買いから売りに転換できたことだった。

　私がトレードを始めたばかりのころだったら、こうはできなかった。きっとこの負けポジションを保有し続けて、「自分は正しい」と思っていたはずだ。ただ、これは正しくなかったし、利益も出ていなかった。

　そして、最も重要な瞬間は、この売りポジションの含み益が、最初の負けポジションの損失と同じになったときだった。私の感情は均衡を切望していた。そのために、最初のトレードの損失を取り返す以上の方法があるだろうか。トレードにおける私の最大のヒーローであるチャーリー・ディフランチェスカは「良いトレードとは、人間特有の感情との闘い」だと言っている。そのための方法を見ていこう。

第**5**章

人間の弱さとの闘い

Fighting My Humanness

　個人トレーダーの普通の行動とはどのようなものだろうか。80～90％の個人トレーダーが同じ自己破壊的な行動パターンに陥っていることは分かっている。

　90％のトレーダーがCFD（差金決済）でもスプレッド取引や先物取引でも安定的に利益を上げていないことも分かっている。おそらく、この80～90％のトレーダーは教養があり、意欲的で、自発的な人たちで、運は自分でつかみ、自分の人生を切り開いていきたい人たちだと思ってよいだろう。

　私は、トレードを宝くじと同じだと思って始めた人には会ったことがない。私の知っているトレードに関心があり、深く学びたいと思っている人たちは、ほとんどが自発的に始めた人や起業家や高等教育機関の学生だった。

　つまり、トレードとは、勘違いしている人たちを引き付けているのではなく、真面目な人たちを引き付けているのだ。今トレードをしている人たちは、成功するチャンスがある。

　私は、トレードは一獲千金の勧誘などには惑わされない人たちを引き付けていると思う。トレーダーは宝くじを買わない種類の人た

図表5.1

行動	意識している理由	無意識の理由
1. 含み損をそのままにしておく	希望がある	痛みを避けたい
2. 含み損をそのままにしておく	指標やテクニカル分析に従っている	痛みを避けたい
3. 利食う	利食っておけば破綻しない	痛みを避けたい
4. 勝っているからポジションを減らす	この辺でいいだろう	痛みを避けたい
5. 負けているからポジションを増やす	トントンにしたい	痛みを取り除きたい
6. 今日やることはできたからやめる	せっかくの利益を失いたくない	痛みを避けたい
7. 自信はないがトレードしている	退屈だ・乗り遅れたくない	退屈から来る痛みや乗り遅れる痛みを避けたい

ちだと思う。それは勝率が低すぎるからだ。トレーダーはそのことをよく理解している。

それでも何かが間違っている。

90％の人が失敗するということは、何かが間違っている。**図表5.1**には、私がトレードに悪影響を与えると考えるいくつかの行動パターンをまとめてある。なかでも最も頻繁に見られるのが、損切りできないことである。

なぜ損切りができないのだろうか。ここには、自分に言い訳する理由とは別に、本当の理由がある。そして、本当の理由は1つしかない。

希望はリストの上位に来る。そして、格言にもあるように「希望は最後まで死なない」。私たちの脳にはリスク管理能力が備わって

いないようだ。脳の最大の目的は、知覚した痛みや実際の痛みから自分を守ることなのである。

　トレードで負けているとき、私たちの潜在意識は顕在意識にそのポジションを保有し続けるように働きかける。ただ、エゴはトレード口座の状況よりも脆いため、潜在意識はこのメッセージをできるかぎり隠そうとする。

　エゴや無意識といった言葉では、実体がないように聞こえたかもしれない。次は別の言い方で説明しよう。

痛みを避ける

　負けポジションを手仕舞わないかぎり、利益に転じるという希望がある。手仕舞ってしまったら損失が確定し、損失の痛みが現実になる。

　負けトレードを処理する方法がたくさんあることは認める。トレーダーのなかには手仕舞ったときこそ、そのポジションにかかわる苦しみが止まり、ほかのトレードを選択できるようになると言う人もいる。私もこの意見に賛成だ。私も負けていてそのトレードが信頼できなくなっているときに、期待を持つのは自分自身に対しても自分の心理に対しても、最悪手だと思っている。私は、モニターに負けポジションが映し出されていると、市場の展望について自由に考えることができない気がする。しかし、そのポジションを損切ると、再び自由な気持ちになり、チャンスを探すために市場の情報を取り入れることができるようになる。

　前に、私たちが希望を持つ主な理由は、その希望の内容とは関係なく、痛みを避けるためだと書いた。

私は顧客が負けポジションを延々と保有し続けるのを幾度となく見てきた。彼らは、追証を求められるたびに資金をつぎ込む。追証は、負けポジションを維持するために証券会社が要求する保証金だ。顧客は何としてでも損失を実現したくない。

　さらに不思議なのは、ポジションが順行し始めるとたいていすぐに手仕舞ってしまうことである。彼らがポジションを保有し続けたのは信念があったからではなく、間違えたことに耐えられなかったからだ。

　だから、負けポジションの痛みから解放されたとたんに、何も得ることなく手仕舞ってしまう。間違ったことによる痛みを避けることができたことにホッとして、市場がやっと彼らの考えと同調し始めたことを完全に無視してしまうのだ。

　彼らは金融市場の動きに基づいてトレードしないで、自分の感情に基づいてトレードし、自分が感じたことに反応している。そのため、せっかくポジションが好転しても、再び不安に陥ることを思うと、とてつもない痛みを連想してしまう。

　この連想によって、彼らはポジションを手仕舞う。そうすれば、また不安に陥ることもなくなり安心できるからだ。

　「利食っておけば破綻することはない」という理由で早めに利食う人は、将来の痛みを避ける心に反応している。

　利益が出ているポジションのサイズを小さくするのは、利益の一部を減らす痛みに備えている。これは、実際には痛みを感じる出来事が起こっていないのに、痛みを避ける理由を正当化している。

　繰り返しになるが、自分がチャンスだと思ってトレードしているのか、それとも恐れに基づいてトレードしているのか分からないときは、次の簡単な質問に答えてみてほしい。「トレードで勝ってい

るとき、あなたはトレードサイズを増やしますか、それとも減らしますか？」

　実際にはほとんどのトレーダーが、うまくいっているときにトレードサイズを減らす。好調はいずれ終わることを恐れているからだ。これは裏を返せば、負けているときにはトレードサイズを増やして、損失を取り返そうとするのである。

　S&P500のピットで働く優れたトレーダーのグレッグ・デ・リーバは、フロアトレーダーを描いた映画「フロアード」なかでこう言っている。「99％の人がうまくいかないのは、勝っているときに賭け金を減らし始めるからだ。もっと賭けろ」

　潜在意識は、想像する痛みでも本当の痛みでも関係なく、同じ反応と同じ感情で対処する。

　本物の痛み、つまり実際の損失による体や心の痛みを感じたときは、エゴがいくら奮闘しても損失を取り戻すことはできない。「負けたら倍賭け」の主な理由はここにある。

　負けが拡大しているとき、私たちが自分自身に勝ちは近いと伝え、損失を取り返すために倍賭けするのは自然なことに思える。

　しかし、負けトレードで倍賭けする本当の無意識の理由は、痛みを取り除くためだ。ここでは痛みを避けるのではなく、実際の痛みに対処して、痛みのないトントンの状態まで回復させようとしている。

恐れずに行動する

　何百万人ものトレーダーの行動を見ていると、さまざまなことを学ぶことができる。もし金融市場でトレーダーとして稼ぐまともな

チャンスが欲しければ、恐怖と痛みと希望に対する考え方を変える必要があることを私は全身全霊で伝えたい。

ウィリアム・ブレークは、「願っても行動しない者は疫病を蔓延させる」と言っている。私は、恐れたり躊躇したりすることなく行動できるようになるために、辛抱強く努力してきた。人としての成長は、何を知っているかではなく、その知識を持って何をするかで測ることができる。

それはどういうことだろうか。

チャートを見て、衝動的に買ったり売ったりしたあとで、急に怖くなったことがあるだろうか。そのような思いは、コントロールできない。頭のなかで急に膨らむからだ。

私もトレードの仕事を始めてから何回も経験している。そうなると、何らかの形でリセットする必要があることは分かっている。瞑想したり、寝たり、食べたり、散歩をしたりするとよいのかもしれない。いずれにしても、私の邪魔をしている何かを解決しなければならない。

私の自由な創造力が何かをしろと伝えているが、すぐに本能的な恐怖が負けるかもしれないからやってはならないと警告する。

トレードしないことが正しいかどうかや、そのポジションによって損失が出たり、利益が出たかは重要ではない。それはあとで思うことだ（正当化や言い訳）。これらは逸話的な証拠やメリットのない証拠に分類できる。だれでも90歳まで喫煙したのにぴんぴんしていた人が身近にいるだろう。これも逸話的な証拠だが、それが喫煙を正当化することにはならない。

もし私の心がポジションに賛成し、私の恐怖心がトレードで負けた場合の結果を心配するならば、私のなかで矛盾が起こっている。

これを気取った言葉で言うと、「認知的不協和」となる。

　トレードは、自由な観点で行う必要がある。恐怖や強欲から生まれたトレードは、良い判断にはつながらない。

　そこで、いったんトレードをやめて真剣に考えてみてほしい。何が起こっているのか。私が認知的不協和を経験するときは、次のなかの１つか両方の理由がある。

1．トレードに疲れた、あるいは身体的に疲れた。「疲れは人を臆病にする」という言葉もある。
2．十分準備ができていなかった。

彼女はどんなふうに踊るのか

　市場が急落しているのに、損するのが怖くて売れなかったことがあるだろうか。本書の目的は、このような恐怖心をなくすことではない。恐怖は私たちの生活に常にある。私の目的は、恐怖を感じる理由を理解し、それにどう対処すればトレードすることができるかを説明することにある。

　私は、自分が感情に支配される人間であることを受け入れている。感情から逃れることはできないし、逃れるべきでないことも理解している。それよりも、恐怖を理解し、恐怖はなぜ存在し、どうすれば共存できるかを知る手助けをしたいと思っている。

　本書の初めのほうで、ニューヨークのツインタワーの間を綱渡りしたフィリップ・プティについて書いた。彼はクモが怖い。おかしな話ではないか。しかし、彼の恐怖に対するアプローチの仕方は、繰り返しておく価値がある。

彼は、できるかぎりクモに対する恐怖の本質を理解しようとした。クモについて学び、それ以外にもクモについてあらゆる情報を集めた。そして、その学びによって恐怖の本質を理解した。

この話がトレードと何の関係があるのだろうか。現実的な例を見てみよう。私はFTSE100指数をトレードするとき、最初は300ポンドくらいで仕掛ける。まずは、最適な仕掛けポイントと手仕舞いポイントを決めなければならない。

もしここで私が恐怖を感じたらどうなるだろうか。市場がどうなるか分からないので、トレードを仕掛けるのが怖くなったときはどうすればよいのだろうか。

敵をよく理解すれば、相手が何をするか、よりよく理解できるようになる。敵という言葉を使ったが、実は市場は友だ。私は彼女（市場）と踊りたい。ただ、恥をかきたくもない。だから、相手の動きを注意深く見ている。

私は、ほかのトレーダーが私と同じことをしているのを見たことがない。だから、私はこれが市場分析の新しい方法だと考えている。ただ、これが新しいアプローチかどうかは関係ない。大事なことは、ダンスの相手がどんな動きをするのか、それを感じられるようになることだ。どんな価格行動をとりそうか。不安定な動きか。それともスムーズな動きか。

図表5.2を見てみよう。

私たちはだれでも事後ならばチャートの専門家になれる。それでも、過去の価格の動きを調べれば、チャートは今日期待できる動きについて強く示唆してくれる。例えば、市場が最初は上昇し、ダブルトップを形成して下がっているとする。

次に、**図表5.2**を別の視点で見てみよう（**図表5.3**）。

図表5.2

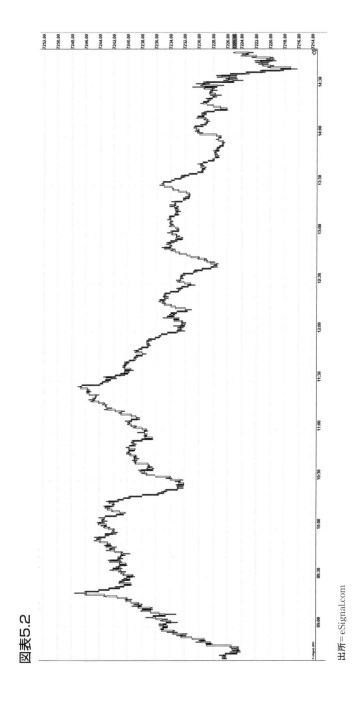

出所＝eSignal.com

恐怖なしにトレードできるようになるために、私はチャートをできるだけ細かく分けている。ここでは、最初の波は24ポイント上昇した。次に9ポイント下落してから新高値を目指したが、6ポイントしか上昇しなかった。次は12ポイントとより深く下落し、8ポイント上昇したあとに3ポイント下落し、11ポイント上昇した。

下落は9～12ポイントの間で、1回だけ17ポイントの例外があった。これについて、皮肉を込めて、大きな動きだと言うかもしれないが、そう言えるのは取引時間が始まる前にそのことを知っていたからだ。ここで、前日の動きも見てみよう（**図表5.4**）。

下落は7～12ポイントで、1回だけ14ポイントの例外があった。

恐れないトレードをするための私のアプローチは、感情面の規律と心のウォームアップと市場の可能な動きを知ることである。2つのトレード日の結果は違っても、動きはそう大きく変わらない。

そこで、私は次の知識という武器を手にして取引開始に備える。

１．深い下落や一方向の動きは10ポイント程度になる傾向がある。
２．強いトレンドに逆行する浅い下落は3～7ポイント程度になる。

このことと、基本的な価格のパターンが分かっていれば、私はリスクを最小限に抑えた仕掛け戦略を立てることができる。例えば、**図表5.3**で11ポイント上昇したあと、下落を待って買うことができる。その前に8、7、10ポイントと下落しているため、ほとんどの下落が7～12ポイントだと分かっているからだ。

買いポイントは、7ポイント下落したところにする。市場が逆行する恐怖があっても、直近で市場が12ポイント以上下落する可能性は低いことは分かっている。そこで、過去の動きに基づいて、損切

図表5.3

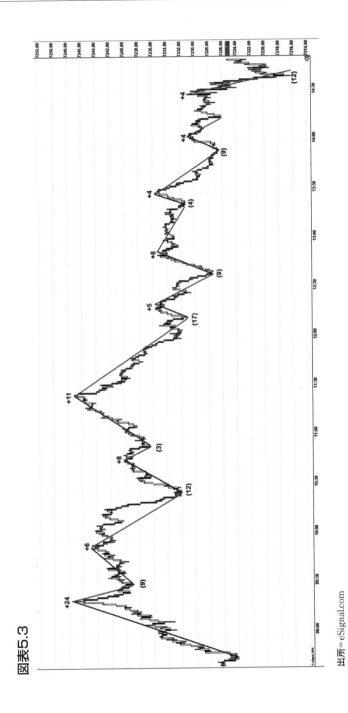

出所=eSignal.com

図表5.4

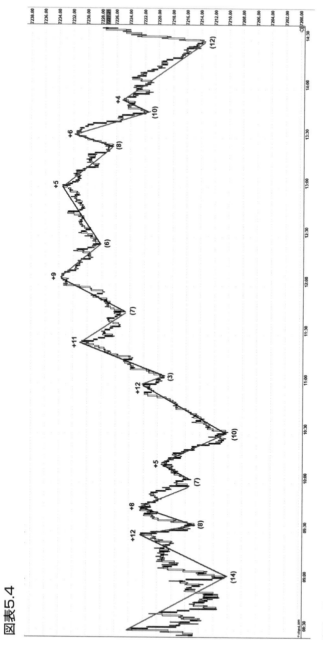

134

りを適切なところに置くことができる。

　正しい仕掛けポイントを待つ規律を持ち、過去の価格の動きを知っておくことで、ほとんどのトレーダーとは違う行動ができる。ここまでの準備をしている人は少ないからだ。

　準備をすることで、恐怖心が生み出す問題に対処することができる（これは自分に対して言っている）。恐怖心は例えば、「負けたらどうする」などと言ってくる。もしそうなったら、こう答えるだけだ。「市場が12ポイントを超えて下落したら、恐らくこのポジションは間違っているから損切りに引っかかってくれる」

　私がTelegram（テレグラム）チャンネルを通じて、苦しんでいるトレーダーに手を差し伸べるとき、まずトレードを記録しているかどうかを聞く。これは、特定のトレードの仕掛けの価格を紙に書くということではなく、1日のトレードを終えたら自分の仕掛けポイントをチャートに描き込んでいるかどうかを聞いている。

　図表5.5と**図表5.6**は、私のトレード日誌にあったトレードで、視覚的な指針として役立ててほしい。私は、これらを朝、トレードを始める前のウォームアップとして見ている。やり方は、かなり以前のトレードをランダムに選び、そのときのことを思い出す。ひどかったトレードを見て、どうしたら今日はそうならないかと考え、良かったトレードからはひらめきを得ている。

　過去の自分の行動を見返すと、自分の良い点をさらに強化し、弱点に気をつけることができる。急いで下した判断や衝動的なトレードの悲惨な結果をしっかり思い出す。また、含み益を十分伸ばせなかったトレードも思い出す。要するに、うまくいかなかったトレードを見て自分を苦しめるのは、これが正触媒として働くことが分かっているからである。

図表5.5

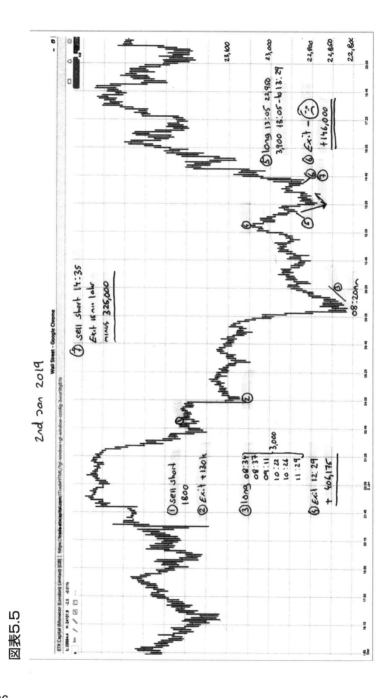

136

図表5.6

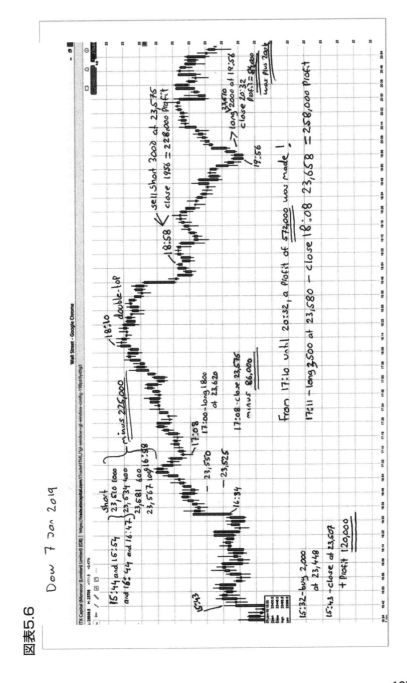

ちなみに、このようなことをしているのは私だけではない。マイケル・ジョーダンやクリスチアーノ・ロナウドも、自分や自分のパフォーマンスについて批判されたことで成長したという記事を読んだことがある。彼らは批判を受け止め、それを糧に、さらなる高みに向かっていった。残念ながら、私のトレードについて書く人はいないため、自分で過去のうまくいかなかったトレードの状況を再現している。

1人ではない

　私がトレーディングフロアでよく見かけた破滅的で衝動的なパターンは、2つに分類することができる。

1. 顧客は安いと思って買うが、下降トレンドの途中で買っていることのほうが多い。
2. 顧客は上がりすぎたと思って売る。このとき、彼らは市場がこれ以上は上がることはないと思っている。

　作り話だと思われても仕方がない。あらゆる情報が手に入る現代に、トレーダーがこのような行動をとるはずがないと思うのも頷ける。

　私は自分の主張を確認するために、2021年10月26日以降のIG証券の顧客センチメントリポートを調べた。IGは歴史のある会社で、顧客は世界中にいるため、彼らのセンチメントリポートは一般的な個人トレーダーを代表している。

　今日のリポートの株式指数に関する部分を見せる前に、この原稿

図表5.7

指数	買い（%）	売り（%）
DAX指数	37.04	62.69
FTSE100	30.60	69.40
S&P500	39.85	60.15
ダウ平均	28.61	71.39

を執筆している今、世界中の株式指数が史上最高値を付けていることを伝えておきたい。イギリスでFTSE100指数は何年かぶりの高水準になり、アメリカではダウ平均も史上最高値を付けた。

　つまり、もし私の観察が間違っていれば、センチメントリポートは多くの人が強気になっていると報じるはずだ。

　しかし、そうではなかった。残念ながらトレーダーの行動に関して私が書いたことは正しかった。ダウ平均が史上最高値を付けた日、この指数のポジションの71.39％は売りだった。DAX指数やFTSE指数でも似たようなことが起こっていた。

　だから、90％の人たちが負けている。私たちは市場そのものを見ずに、自分が見たいものを見ている。つまり、チャートは、市場の方向性に関する先入観を排除できなければ有益ではない。

　多くのトレーダーが長期的に負けているのは、テクニカル分析や市場の知識が足りないからではない。負ける理由は、目の前の事実を受け入れることを拒否しているからだ。

　多くの人の大前提として、次の2つを挙げることができる。

1．仕掛ける前に間違った考え方をしている。

2．トレード中も間違った考え方をしている。

　トレード業界のスターで多くのトレーダーにひらめきを与えた故マーク・ダグラスも、『**ゾーン**』（パンローリング）の冒頭にこう書いている。「多くの人と違う考え方をしなければならない」

　私はこの状況を「人は期待すべきときに恐れ、恐れるべきときに期待する」と言っている。例を使って説明しよう。

　ドイツのDAX指数を15510で買い、今、15525になっているとする。このとき、市場は好調で、さらに大きな利益を得られると考える代わりに、今ある含み益が減ってしまうことが怖くなったとしよう。

　そんなときは、私の先の言葉を思い出してほしい。「人は期待すべきときに恐れ、恐れるべきときに期待する」。このとき、多くのトレーダーが利益が減ってしまうことを恐れ、このポジションがさらに与えてくれるかもしれない利益については考えていない。つまり、チャンスではなく恐怖に目が行っている。

　負けポジションを抱えているときもそうだ。市場が反転することを期待し、痛みを排除することだけが目的になっている。損失がさらに大きくなることを恐れるのではなく、損失が小さくなることを期待する。そうなると、自分に有利な動きに喜び、不利な動きは無視してしまう。

　もしうまくトレードしたければ、頭を切り替えなければならない。脳に、利益を失うことを恐れるのは間違っていて、利益が出ているときには期待するように教え込む必要がある。その一方で、損失が回復するという期待は間違っていて、損失は恐れなければならないことも脳に教え込まなければならない。

　そのためには、まずこの行動を意識する必要がある。私の受講生

との会話を読むと、その意味がより明確になるだろう。

受講生との会話

　あるとき、私と受講生は彼のポンド／ドルのポジションについて話していた。

受講生　ギャンブルのように感じます。

私　なぜそう思うのか。

受講生　今40ピップスの含み益があるのに、あなたは利食ってはダメと言うからです。

私　止めはしないが、私は意見を聞かれればポジションを持ち続けるべきだと答える。次のシナリオを読んで、それぞれについてどう感じるか考えてみてほしい。

１．このまま保有して、結局、損切りに達して利益ゼロで終わる

２．このまま保有して、さらに上昇する

３．手仕舞って、そのあとさらに上昇する

４．手仕舞って、そのあと下げる

受講生　私は、手仕舞って今の利益を守るほうが、市場に奪われるリスクをとるよりも良いと思います。

私　もしそのあと市場がさらに順行したらどう感じるか。

受講生　がっかりしますけれど、また仕掛けることはできます。

私　再び仕掛けるとまた手数料がかかるし、急上昇を逃すことになる。急上昇で利益を得たければ、すでにその動きに乗っているしかない。

受講生　そうですけれど、少なくともモメンタムが続くことに賭け

ようとしています。

私 そうだね。ただ、君はすでにモメンタムに合わせてポジションを持っているよね。

受講生 そうでした。私は含み益が減るのを見たくないだけかもしれません。

　要するにそういうことだ。人はお金を失っているときに希望を持ち、利益が上がっているときに恐れる。90％の人たちはそうだと思う。2万5000人のトレーダーを対象とした調査において、彼らの勝ちトレードは負けトレードよりも数が多いのに、平均利益よりも平均損失のほうが66％多かった理由はそこにある。

　トレーダーは損失に直面すると、それが反転することを願う。ここでカギとなる言葉は「希望」だ。しかし、利益の出ているポジションを持っていると、その利益が消えてしまうことを怖がる。このシナリオを動かしている言葉は恐怖だ。

　私の受講生は、無邪気にもう一度仕掛ければよいと思っていたが、そのときの仕掛けは直前に手仕舞ったときよりも高くなっているに違いない。

　つまり、トレーダーはそのポジションを、痛みが大きくなりすぎるまで持ち続けてから手仕舞おうとしていることになる。残念ながら、この限界は、希望の限界よりもはるかに安いところにある。

　そこが注目すべきところだ。

　自分の行動パターンを変えるためには、常にそのことに取り組んでいかなければならない。私は、これが簡単だとも難しいとも書いていない。ただ、やるだけだ。たとえ不快に感じてもするべきことをすることができないのであれば、これ以上投機をする意味なんて

ない。

　一般的にトレーダーはチャンスの道を歩める距離よりも、悲惨な道を進んでしまう距離のほうがずっと長い傾向がある。私たちはそういうふうにできているからだ。そのことを知り、自然にとってしまう行動に打ち勝つ計画を立てる必要がある。

　ただ、1つ警告しておくことがある。心は筋肉のようなものである。腕立て伏せを100回すれば一生キャプテン・アメリカのような筋肉隆々の体になるわけではないのと同じで、即効薬はない。

　退化は体だけではなく、心にも影響がある。心を強くするためにも繰り返しが必要だ。私自身が行っているトレーニング方法は本書の終わりで紹介するが、実際の内容はそれまでに少しずつ紹介していく。

あまり普通ではない行動

　あまり普通ではない行動とはどういうものなのだろうか。その前に、ほとんどの人がトレード中に見せる欠陥を知っておこう。「負けトレードを続ける」「利益の出ているポジションを手仕舞うのが早すぎる」「トレードしすぎる」「興奮や楽しみのためにトレードする」などといったことだ。

　ただ、これはほとんどの人が知っている。つまり、それを超えることでなければ、あまり普通ではない行動とは言えない。私たちは、自分がなぜそれをしたのか自問することはほとんどない。なぜそのときトレードしたのか。なぜそのとき利食ったのか。

　ここで、比較的無名なトレーダー（ただし、仲間からはものすごく尊敬されていた人）の話をしたい。彼は、CBOT（シカゴ商品取

引所）のピットトレーダーだったチャーリー・ディフランチェスカ
で、通称「チャーリーD」である。

私のヒーロー

チャーリー・ディフランチェスカは、夢とわずかな資金を持って
CBOTのフロアに降り立った。大学時代は競争の激しいアメリカン
フットボールの選手だったが、それ以外に、彼がシカゴのピットで
最大の米国債トレーダーになることを示唆するようなことはなかっ
た。

　彼も最初は苦戦した。フロアに出て最初の6カ月はほとんどトレ
ードできず、ただ立って観察していた。しかしある午後、ピンとく
るものがあった彼は上昇相場で2時間トレードし、5000ドルを稼い
だ。そして、そこからチャーリーDの快進撃が始まった。彼はトレ
ーディングピットの伝説となり、活躍は急死するまで続いた。

　ウィリアム・D・ファルーンが執筆したチャーリーDの伝記に、
彼の言葉が載っている。

> 自分が良いトレーダーになったと分かるのは、勝ちポジション
> を保有し続け、増し玉して勝ち切ったときだ。トレーディング
> ピットには、長年トレードしながら勝ちポジションに増し玉し
> たことがない人がたくさんいる。

　勝ちトレードに増し玉できることは、トレーダーとして成功する
ための絶対的なカギとなる。これによって正しい行動が強化される
し、利食いたい衝動の対抗手段にもなる。私が勝ちポジションを保

有しているときは、利食うかどうか悩む代わりに、自分に次のように問う訓練をしている。「どうすればこのポジションをさらに大きくできるか」

チャーリーDは、彼に正しいトレードについて教えたメンターのエバレット・クリップについても書いている。

> 残念ながら、勝ちトレードを手仕舞いたくなるのは人間の性質によるものだ。例えば、6で買って7ビッド上がれば、私の脳はすぐに利食いたいと思う。それが人間の性質だ。そして、負けトレードに乗り続けるのもまた人間の性質だ。どうしようもない、手仕舞いたくない。待とう。

ひらめきをもらう

2007年に、私のトレードのやり方を根本的に変えることになるある人と出会った。これはまったく偶然の出来事だった。この日、私が昼休みから戻ると、同僚も教育会社とのミーティングから帰ってきた。この教育会社ではテクニカル分析を教えており、マーケティング部門の責任者をしているこの同僚に製品を売り込もうとしていた。

この同僚というのが信じられないくらい感じが悪い典型的なイーストエンドロンドンの男だった。彼は生意気で、感じが悪く（繰り返していることは分かっている）、傲慢で、彼に何かを教えることなど、だれにもできなかった。

ところが、この教育会社は彼の注意を引くことに成功した。しかも、彼はこの会社のデビッド・ポール博士から基本的なテクニカル

分析について教わったと好意的に語った。

　彼がコピーをくれたテクニカル分析の資料は、本当に基礎的なものだった。しかし、なぜか分からないがそれを見て、私は博士と話す必要があると感じた。

　調べてみると、博士はヨハネスブルグで２日間のトレード講座を開くことになっていた。私はすぐに飛行機を予約した。これは、私が参加した唯一の正式なテクニカル分析の講座となった。

　ポール博士については前にも少し書いたが、もう少し紹介したい。彼はさまざまなことを成し遂げてきたにもかかわらず、非常に謙虚な人物だ。彼は機械工学の博士号を修得し、素晴らしい能力を駆使して南アフリカの鉱山労働者のために掘削ドリルを発明した。これは普通のドリルではなく、地面を掘削すると同時にガスを吸引できるため、爆発事故を減らして労働者の命を救っている。

　博士は、多くの時間を投資とトレードに割いてきた。そして、かなりの富を得た。講座の２日目、彼は私のトレードに対する見方を変える発言をした。

　要約するとこんな感じだ。「勝ちポジションを持っているときに、どこで利食うかではなく、どこで増し玉するかを考えてはどうか」

　彼は基本的にすべてをひっくり返せと教えてくれた。含み益を抱えているトレーダーのほとんどが、どこで半分利食うかと考える。そして次に、どこで残りの半分を利食うか考える。

　彼は、90％のトレーダーがこれをしていると言った。要するに、トレードで利益を上げたければ、ほとんどの人にとって難しいことをする必要があるということだ。

　これを最初に試すときは、まったくうまくいかないかもしれない。それは分かっている。しかし、次は少し楽になり、その次はさらに

楽になっていく。

心理的に難しいことをしろ

　ポール博士は、勝ちトレードにはプレッシャーをかけろと言った。
この教えは、本当にトレンドが始まるときに彼自身が観察したこと
に基づいていた。

　この教えに私なりにひねりを加えると、何かを得る恐れよりも得
たいという気持ちが強ければ、それをつかむことができる。トレー
ドするならば、利益を上げたい。おそらくあなたのトレードに対す
る直感はそんなに悪くないだろう。問題は金融市場に関する知識で
はなく、考え方にあることにもう気づいているだろう。

　もし90％のトレーダーが半分利食って残りを保有し続けるならば、
そのときにポジションを倍にするか、控えめに増し玉することが正
しい行動かもしれない。少なくとも私は、ヨハネスブルグのホテル
の会議室で博士の言葉の行間からこのような教えを得た。

　講座が終わると、私はホテルの部屋にこもった。ダウ平均にトレ
ンドがあったので、押すのを待ち、それから5分足チャートで足の
終値が前の足の高値を超えるのを待った。

　そして買った。10分後に増し玉した。20分後、ダブルトップで手
仕舞った。このとき、私はそれまでのトレード人生で最大の満足を
得た。そして、まったく新しい世界の扉が開いた。

　トレード経験のレベルにもよるが、次の質問に答えられるだろう
か。なぜ負けポジションに増し玉するほうが、勝ちポジションに増
し玉するよりも楽なのだろうか。私はこのことについて何回も考え
た。

もしDAX指数を12325で買ったあと市場が12315に下げたら、増し玉したくなる。

　なぜだろうか。

　なぜ、勝ちポジションを増し玉するよりも負けポジションに増し玉するほうが楽なのだろうか。

　ポジションを建てるならば、12325よりも12315のほうが良い。つまり、再び12315で買うことは経済的に理にかなっている。簡単な理屈だ。

　損切りと目標値が念頭にあるかもしれない。最初に置いた損切りならば、リスクは10ポイント小さくなり、潜在利益は大きくなる。

　また、平均買値も安くなるため、トントンまでの値幅も小さくなる。

　単純かつ論理的で、受け入れやすい。

　しかし、市場が間違っていると告げたのに、ポジションは大きくなった。少なくとも今のところはそうだ。簡単に間違ったことをしてしまうのは、市場が割安に見えるからだ。市場がトレードの割安度を高めるチャンスを与えてくれているときは、それが魅力的に見える。

　それでは、勝ちトレードに増し玉するのはなぜ難しいのだろうか。

　もし12325で買って市場が順行すればホッとする。すると、ほかの感情——強欲と恐怖——が意識に入り込んでくる。強欲はもっと稼ぎたいと主張し、恐怖は今ある利益を守りたいと主張する。

　そして、市場が12345になると、今買えば平均買値は12335になると考える。つまり、市場が10ポイント下げれば含み益がなくなってトントンになってしまう。

　カギとなるのはここだ。このとき何に悩んでいるのだろうか。

　負けポジションに増し玉すると、より大きい利益についてこだわることになる。つまり、市場が間違っていると伝えていることは顧みないことにした。リスクを2倍にしたことについても考えないことにした。

　一方、勝ちポジションに増し玉すると、平均買値が上がったため、市場が利益を奪うかもしれないことに悩むことになる。しかし、市場が自分の動きをあと押ししてくれているという事実からは悩みは生まれない。

　簡単に言えば、市場が同意してくれないときに、私たちは市場が間違っていると信じて負けポジションに増し玉する。あるいは、市場が同意してくれて利益を与えてくれているときに、市場が正しいことを疑って勝ちポジションに増し玉しない。

　これではまったく理にかなっていない。しかし、ほとんどのトレーダーは常にこのようなことをしている。勝ちポジションに増し玉するのは最初は心地良くない。それならば、勝ちポジションを倍にするのではなく、少しだけ増やしてみることだってできる。

増し玉の戦略

　勝ちトレードに増し玉する方法は2つある。1つは同サイズの原則で、同じサイズを増し玉していく。例えば、最初に10単位仕掛け、価格の上昇に合わせて10単位ずつ増し玉していくのだ。

　ただ、これはリスクが高い。そこで、2つ目は大きく仕掛けて小さく増し玉する原則である。例えば、最初に10単位仕掛け、株価の上昇に合わせて5単位ずつ増し玉していく。

　私はたいていは同サイズの増し玉を用いているが、勝ちトレード

の増し玉に慣れるまでは2つ目の方法を勧める。

新たな道を切り開く

　勝ちトレードに増し玉する目的は、実は人間の普通の行動に反することをすることにある。それをしても、最初から利益率が上がるわけではない。それはあとでついてくる。ここでの目的は、半分利食うのをやめることにある。

　勝ちトレードを保有しているときに、「どこで利食うか」と考えるのではなく、「自分のポジションの方向が正しいときにどうすれば利益を増やすことができるか」と考えることで、トレードの新しい道を切り開くことができる。

　マーク・ダグラスが『ゾーン』の冒頭に書いた言葉を思い出してほしい。トレードで常に勝っている人たちは「多くの人と違う考え方をしている」。「勝ちトレードのどこで増し玉できるか」と考えることは、多くの人と違う考えをする最初の1歩になる。それができれば、あとはそれを習慣にすればよい。あなたにはもう新しい神経経路ができたか、少なくとも正しい方向に大事な第1歩を踏み出している。

リスクをコントロールする

　勝ちトレードに増し玉するとき、リスクはどうコントロールすればよいのだろうか。私はこの質問をよく受ける。答えは、勝ちトレードの場合も負けトレードの場合も同じで、損切りの逆指値を置けばよい。

そう答えると、「でも、含み益が出ているときに損切りに達すれば、最初の含み益も失うことになる」と言ってくる人もいる。

そのとおりだ。しかし、多少のクッションがあるところで損切りに引っかかるほうが、負けトレードで損切りに引っかかって損失をまともに受けるよりもマシではないだろうか。少なくとも、勝ちトレードに増し玉すれば、その時点で市場はあなたに同意している。

私は今、ダウ平均を22629ドルで買い、損切りを26590ドルに置いた。ダウ平均が上昇し始めたのは26569ドルなので、少し出遅れたかもしれないが、そのことはあまり気にならない。

乗り遅れて素晴らしいトレードを逃すことはよくある。しかし、モメンタムがすでに始まっていても、損切りさえ置いておけば、気にせず参加することができる。

ダウ平均は26649ドルになり、私は再度買った。勝ちトレードに増し玉したのだ。そして、最初に買ったときの損切りを、リスクが増えたことに合わせて26629ドルに動かした。

この時点で起こり得ることは2つある。できれば、市場が上がり続けてくれれば、1ポイント上がるごとに増し玉する前の2倍の利益になる。

一方、望ましくないケースは、市場が逆行して、最初のポジションのトントンのところで損切りに引っかかり、増し玉した分は20ポイント失うことである。

これは魔法ではない。普通でないことができるようになるために生まれた考え方なのである。普通の人は半分利食って、残りの半分を保有し続ける。

なぜそうするのだろうか。なぜ市場が同意してくれているのに、半分のサイズでトレードしているのだろうか。

それが90％の人がやっていることだが、どれほど論理的に見えても私は彼らと同じことはしたくない。長期的に見れば彼らは間違っている。私は長期的に見て正しいことをしたい。

　今、ここで伝えようとしていることは本当に重要なポイントだ。1つのトレードを仕掛けたあと、何が起こるかは分からない。何でも起こり得る。しかし、統計的に見れば100回のトレードで何が起こるかは分かる。

　1つのトレードならば、勝つかもしれないし、負けるかもしれない。コインを1回投げれば、表が出るかもしれないし裏が出るかもしれない。しかし、もし5回続けて裏が出ることがあっても、100回投げれば統計的には最終的に50：50になる。

　同じことはトレードにも言える。好調が続いて画面には勝ちトレードが並んでいるかもしれないが、長期的な勝敗はトントンになる。そのため、トレード結果について考えすぎないことが重要で、それよりも100回トレードした結果を考えたほうがよい。

　1回のトレード結果はランダムだが、100回のトレード結果は予想可能だ。だからこそトレードが執行されるたびに、好むと好まざるとにかかわらず同じことをする必要がある。すべてのトレードで同じ正しい行動をとれば、利益が出ることは実質的に保証されているのも同然だ。

　それでは正しい行動とはどのようなことだろうか。そこで、多くの人がやっていることを観察して、それと逆のことをしてみよう。

　基本的な前提として、ほとんどのトレーダーが資金を失っているということから始めよう。そして、彼らの行動を観察する。私はそれを10年前からやっている。観察結果を紹介しよう。

1．彼らは勝ちトレードに増し玉しない

彼らは勝ちトレードに増し玉しない。つまり、利益を上げたければ、勝ちトレードに少しでもよいし、倍にしてもよいから増し玉する。最初はゆっくりと少しずつ増やしていくとよい。

2．彼らは損切りを置かない

彼らは、損失の痛みを明確にしたくないため、損切りを置かない。ポジションを保有し続けるかぎり、希望はある。つまり、長期的に利益を上げたければ、損切りを置く。最初に仕掛けたときも、増し玉したときも、必ず損切りを置く。

3．彼らは負けトレードに増し玉する

私たちはだれでもスーパーマーケットの安売りが大好きだ。スーパーマーケットならば、ぜひ安いときに多めに買ってほしい。しかし、金融市場では、最初に買ったときよりも安いという理由でさらに買い増ししてはならない。

4．彼らは半分利食う

これは難しい議論だが、我慢して聞いてほしい。多くのトレーダー（私よりも何十年も長くトレードしている人を含めて）が半分利食うことを推奨している。彼らは次のように考えている。

1．20ポイントのリスクをとる。
2．20ポイントのところで半分利食い、残りのポジションについてはトントンのところに損切りを動かす。
3．40ポイントのところで残りを利食う。

　これは良い計画に見える。半分利食っておけば、市場が逆行しても少なくともポジションの半分について20ポイントの利益が残る。この考えも理解できる。

　ただ、この戦略を続けていると、トレードを続けていくために必要なホームランが出ないという問題がある。常に利益を限定しているため、大きな波に乗ることができない。

　私が半分利食うことに反対する基本的な理由は2つある。

1．市場が合意してくれているときは利益を伸ばすべき。
2．私はリスク・リワードの理論は信じていない。事前にリワードを知ることはだれにもできないため、リワードを限定して半分利食うことが正しいトレードのやり方とは思えない。

リスク・リワード

　リスク・リワードの理論を信じていないと書いたが、そのとおりだ。リスクは限定すべきだと思うが、リワードを限定すべきではないと考えている。

　トレードを執行するとき、自分がコントロールできる変数は1つしかない。それが、そのトレードでどれだけのリスク（金額、ポイント、ピップス）をとるかということである。

　それ以外の変数は、推定するしかない。リワードがどれくらいになるかは市場の状況による。利益を限定しないかぎり、自分でコントロールすることはできない。非常に賢い年配のトレーダーがあるとき、敗者は利益がどれくらいになるかを考え、勝者は損失がどれくらいになるかを考えると言っていた。

　ポイント・アンド・クリックトレーダー（アルゴトレーダーではない）の私がコントロールできるのは、１トレード当たりの損失しかない。利益を上げるために最善を尽くしているたくさんのトレーダーが行う莫大な数のトレードを10年以上見てきた私は、利益を限定していては先に進むことができないという結論に達した。

　もしFTSE100を7240で買い、損切りを7235に置き、7250で利食うことにしたときに、実際に7250で反転すれば喜ぶだろう。しかし、もし価格が7260や7270になればどう思うだろうか。

　もちろん、ルールには例外がある。もし7250近辺に抵抗線があると思えば、そこで手仕舞いたい場合もある。むしろ、そこは売りたいレベルかもしれない。あるいは、このトレードを頻繁にフォローできないときは、7250で利食いの注文を出しておくかもしれない。

　ただ、通常のトレードならば私は目標値を設定しない。目標値は利益を限定するもので、市場が大きく動いているときは特にそう言える。次は、私が下したある判断と、そのために払った大きな代償について見ていこう。

そうならないために

　ある日、DAX指数が上に窓を空けた（**図表5.8**）。私は統計上48％の窓はその日のうちに埋まることを知っている。１日の高値や安

値の90％が取引開始から１時間半までに付くことを考えると、矢印の足で売ってもよいと思った。損切りは、この日の高値の近くに置く。リスクは35ポイントだ。

　しかし、この日のDAX指数はそのまま下げずに揉み合いのあと上昇し、損切りに達した（**図表5.9**）。35ポイントの損失である。

　このパターンは、価格の上昇を示唆している。確かにダブルトップで売る形にも見えるが、上に窓を空けた日は反転するよりも上昇が継続する可能性が高い。諺にもあるように、「強気市場の抵抗線はたいていブレイクされ、弱気市場の支持線はたいてい持ちこたえられない」。強気市場を上昇トレンド、弱気市場を下降トレンドに置き換えても同じことだ。

　そこで私は、この足が先の損切りを上抜いて終わったところで買った（**図表5.10**）。まさにストップ・アンド・リバース（転換点）である。売りポジションは損切りに引っかかったが、結局、そのあと買うことができた。

　市場は揉み合ったあとに上にブレイクした。私は買いポジションに増し玉した（**図表5.11**）。良い調子だ。

　そのあと私は間違いを犯した。この時点でポジションを手仕舞えば、前のトレードの損失を超える利益を得ることができた。

　私の間違いが分かるだろうか。前のトレードのことを考えたとき、私はチャートを見てトレードしていない。自分のトレード口座のことを考えてトレードしていた。自分の心を見てトレードしていた。私は、前のトレードの痛みを取り除くことを考えていた。そのことは、**図表5.12**を見ると分かる。

　非常に不本意ながら、私は買いポジションを前のトレードの損失を相殺したいというだけの理由で手仕舞ったことを認める。このと

図表5.8

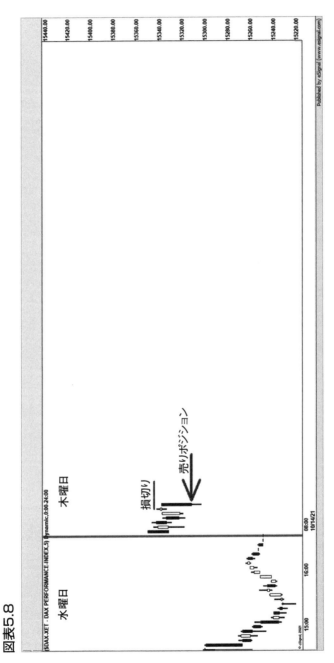

出所＝eSignal.com

図表5.9

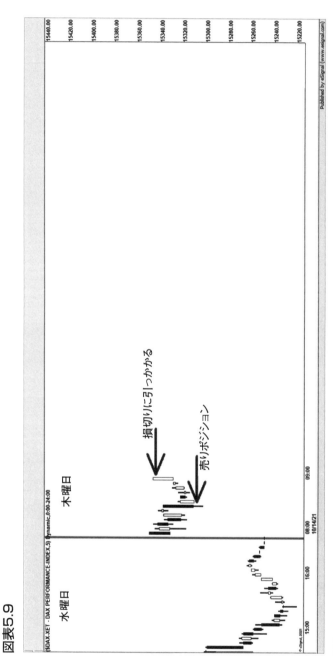

出所=eSignal.com

図表5.10

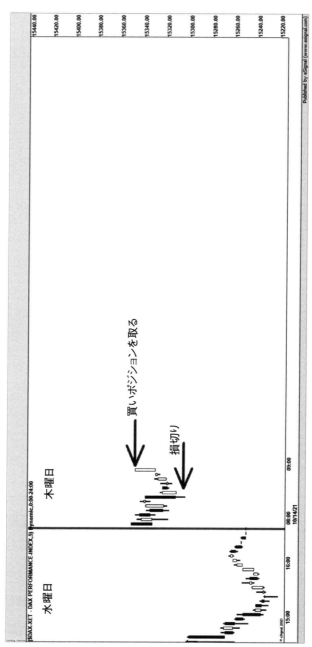

図表5.11

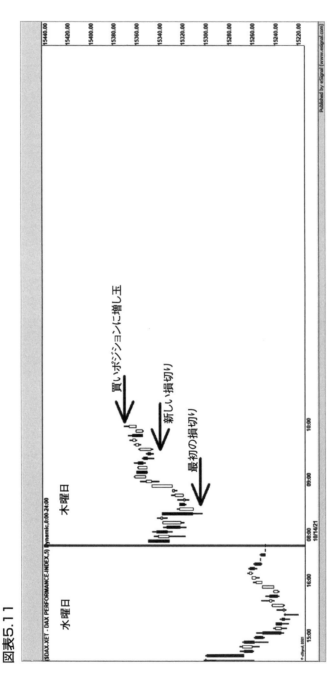

出所＝eSignal.com

図表5.12

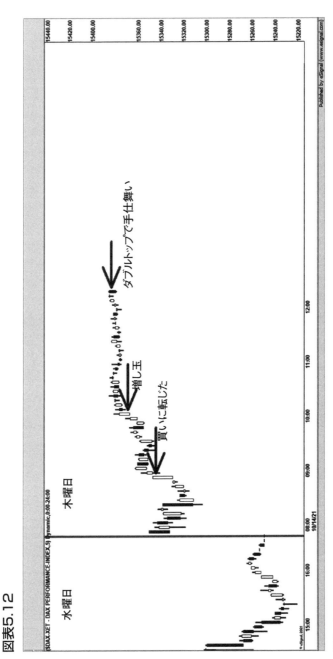

出所＝eSignal.com

き私は手仕舞いの逆指値注文を上げるのではなく、利食うように自分を説得した。ただ、このことは、この日の取引終了後に自分のトレードを見直したときに初めて気づいた。

今のところ、市場が私と同調していないわけではない。それから2時間、市場は横ばいで推移した。トレンドから横ばいに変わったあとの時間が長ければ長いほど、それまでのトレンドの影響は薄れる。少なくとも私はそう考えている。

そのあとアメリカ市場が始まるとDAX指数は上昇したが、私はポジションを持っていなかった。ささいなことだと思った人もいるかもしれないので、さらに説明しよう。

私は、「利食いさえすれば破綻することはない」と信じるトレーダーの仲間ではない。私は、利益を伸ばして本当に大きな利益を得ることがなければ、利食っていても破綻すると思っている。

簡単なことだ。

図表5.13は、私が手仕舞ったあとの動きを示している。私は完璧なトレードを目指しているわけではないが、必ず自分のトレードを徹底的に見直して、トレード中の心理に忍び込んだ間違いを探す努力をしている。規律を守っていただろうか。勝ちトレードに増し玉しただろうか。衝動的にならなかっただろうか。

チャートを見て、まあまあのトレードだったと思うかもしれないが、私はこれを見て、なぜ手仕舞ったのかと自問した。この日の終盤の上昇を逃した痛みは、この日の早い時間の損失を取り返した喜びよりもずっと大きかった。

図表5.13

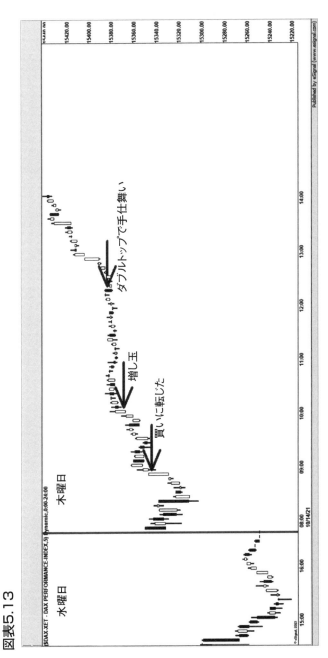

出所＝eSignal.com

勝ちトレードを伸ばす

　私にとって、勝ちトレードに増し玉することは習慣になっている。しかし、YouTube（ユーチューブ）やTelegramをフォローしてくれている新人トレーダーや経験豊富なトレーダーからは、どうすればそれができるのか知りたいという要望が寄せられている。

　そのための1つの簡単な方法として、昨日までの市場で増し玉すべきところを探してみるとよい。例えば、ユーロ／ドルの動きを見ると、10ピップスごとに増し玉していけばよかったと思うかもしれない。

　ちなみに、私は別のアプローチをしている。理論的に説明しよう。

　FTSE100指数をトレードするため、勝ちトレードに増し玉していく方法を探しているとする。それにはどうすればよいだろうか。

ステップ1

　まず、この指数の過去のボラティリティを理解する必要がある。今回、私はATR（真の値幅の平均。アベレージトゥルーレンジ）を使うことにする。ATRを使うときは、この指数をトレードしたい期間とトレードしたくない期間を明確に区別する必要がある。

　例えば、FTSE指数の5分足チャートを見ると、夜の時間帯のボラティリティは約4ポイントだが、取引が開始する午前8時（グリニッジ標準時）には約14ポイントになっている。この違いは大きい。

　仮に、私がFTSE指数をデイトレードしたい時間帯のボラティリティが10ポイントだとしよう。

　この値をNとする。

N＝10

損切り＝2×N

ステップ2

　1回のトレードでとるリスクの金額を決める。これは、トレード資金の割合で表す。例えば、トレード口座の資金が1万ポンドで、2％のリスクをとるとする。

　1万ポンドの2％＝200ポンド

ステップ3

　次に、1回のトレードサイズを決める。

　もしN＝10ならば、

　リスク＝2N

　金額的なリスク＝200ポンド

　1回のトレードサイズ＝200ポンド÷20＝10ポンド

ステップ4

　次に、増し玉のルールとして、0.5Nごとに増し玉すると決める。ここは事前の調査が役に立つところだが、今回はこの数字で話を進めていく。

例

FTSE指数を7500で買う。

損切りを20ポイント下に置く。

リスクは1ポイント当たり10ポンド。

増し玉は0.5Nごとに行うことにする。つまり、5ポイント上がるたびに増し玉していく。

FTSE指数が7505になった。私はさらに1単位買うことにして、7505で10ポンド分買う。

この時点で2回仕掛けた。

7500で買って損切りが7480

7505で増し玉して損切りが7485

この場合、もし1つ目のポジションの損切りを動かさなければ、予想以上の損失になり得ることはすぐ分かる。

2つ目（増し玉）の仕掛けの前に、私はすでに損切りの逆指値を0.5N動かそうと思っていた。つまり、1つ目のトレードの損切りを5ポイント上げる。つまり、1つ目と2つ目のトレードの損切りの逆指値は同じになり、リスクは合計で35ポイントとなった。

ただ、このようなトレードのやり方は、計画した以上の損失をもたらすかもしれない。そのため、私はこの方法を少し変えて、例えば、2つ目以降のトレードはポジションサイズを小さめにすることなどを勧めている。

それならば「そもそもなぜ増し玉するのか」と言う人もいるかもしれない。

それは、増し玉することで、積極的に脳がリスクを縮小したがる傾向と戦っているからだ。私たちの脳は利食いをしたい。しかし、

私は逆に増し玉していく。

実例

　次は、ダウ平均のトレンド日のチャートを見ていこう。私は、トレンド日の定義を、その日の高値か安値で始まって、安値か高値で終わる日としている。

　トレンド日の問題は、その日が終わらないとトレンド日かどうか分からないことだ。そのため、チャートの動きに基づいてその日がトレンド日になるかどうかを仮定してトレードすることになる。

　私はダウ平均のプライスアクションを18年以上研究している。そのなかで、最初の1時間に見られるトレンド日の前兆パターンをいくつか見つけた。その1つが、上に窓を空けた日の翌日に下に窓を空け、最初の1時間にその窓が埋まらないケースである。

　図表5.14で、木曜日に上に窓を空けたあとの金曜日のトレードを見ていこう。金曜日は継続するトレンドができてトレンド日になることが多いことで知られている。特に、月初や月末の金曜日はその傾向が強い。

　このときの私のトレード画面は**図表5.15**のようになっていた。

　図表5.15の1行目は私の全体のイクスポージャーで、私はダウ平均を3000売っている。平均価格25419.6ドルで、現在価格は25135.9ドルである。3000というのは、私がダウ平均1ポイント当たり3000デンマーククローネ（約500米ドル）売っていることを意味している。

　つまり、ダウ平均が1ポイント下げるたびに3000クローネ（500ドル）の利益が上がる。逆も同じで、1ポイント上がれば3000クロ

167

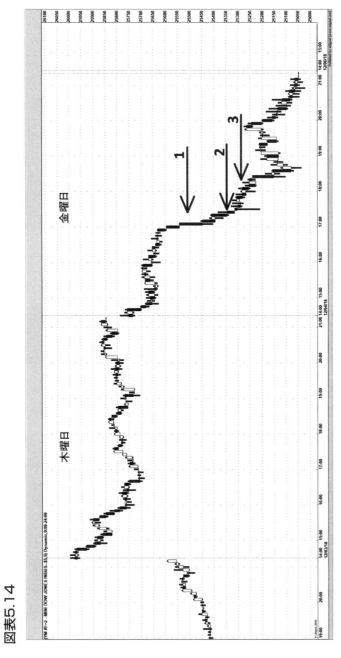

出所＝eSignal.com

図表5.15

トレード商品	サイズ	平均価格	現在価格	含み損益
ダウ平均	3,000.0	25419.6	25135.9	kr851,150.00
	500.0	25458	25135.9	kr161,500.00
	700.0	25455	25135.9	kr224,000.00
	350.0	25469	25135.9	kr116,725.00
	450.0	25455	25135.9	kr143,775.00
	200.0	25441	25135.9	kr61,100.00
	300.0	25329	25135.9	kr58,050.00
	250.0	25356	25135.9	kr55,250.00
	125.0	25258	25135.9	kr15,312.50
	125.0	25259	25135.9	kr15,437.50

注＝krはデンマーククローネ

ーネ（500ドル）失う。**図表5.15**の時点では、85万1000クローネの含み益が出ていた。

　3000の列の下の数字は、私が増し玉していった経緯を示している。

　図表5.14の１と２と３は、私が増し玉したところを示している。

　１は最初に売ったところで、ここで５回に分けて仕掛けた。**図表5.15**の3000の下の５行がそれに当たる。

　２で増し玉したのは、市場が下げていたからで、私はトレンド日になりつつあることを確信していた。そこで、２で約25％増し玉した。そして、３でもさらに10％増し玉した。

　私は市場が下げていくのに合わせて、増し玉していくよう訓練されている。そして、それに合わせて損切りの逆指値も下げていく。チャートでは分からないが、仕掛けた直後は市場が上昇した。

　ここで説明することは、恐怖を理解するための重要なポイントとなる。最初は含み損が出ていたが、今は利益に転じている。私の脳

は損失の間は痛みに耐えていたが、今は15分前の痛みから脳を解放するようシグナルが送られている。

私はこの痛みに対抗するために、痛みの原因であることを積極的に行っている。この不快感を増幅することによって、痛みを受け入れているのである。積極的に90％の人たちと反対の行動をとるためには、そうする必要がある。**図表5.15**を見ると分かるとおり、増し玉はさほど大きなポジションではない。しかし、これをすることによって正しい行動がより正当化される。

ダウ平均は大きく下げ、私はセーフゾーンに入った。私の中心的なポジションが脅かされることはない。損切りはトントンのところに移動した。しかし、このトレードをさらに素晴らしいトレードにするために、小さい利益で終わるかもしれない覚悟はできている。

トレードでは、自分のリスク許容量を知っておく必要がある。あるとき、「増し玉をし続けていって、いつ利食うのか」と聞かれたことがある。良い質問だ。私はチャートを見て決めている。もし売っているときにチャートにダブルボトムができれば、利食いたくなるかもしれない。

あるいは、とても良い方法として、反対方向のトレードを仕掛けたいところに損切り（利食いの逆指値）を置く方法もある。例えば、今回のケースではダウ平均を売っているが、ダウ平均を買いたいところに手仕舞いの逆指値を置くということだ。

私は、100ポイントの含み益が出ていても、気を許すことはない。どのような状況でも正しい行動を強化するために、小さいサイズで増し玉を繰り返していく。

このトレードは素晴らしいトレードになる可能性もあったが、そうはならなかった。ダウ平均は大きく反転し、そのあとまた下げた

ため、利益は出たものの、**図表5.15**のような数字ではなかった。

　このことは重要なことなので、ぜひ伝えておきたい。私は、特大の利益を得るためには、含み益をどこまで減らしてよいか決めるための何らかの基準を持っておくことが重要だと考えている。

　トレードを始めて20〜30ポイントの利益が出たら終わってもよいと思う日もある。毎日、何百ポイントも稼げるわけではないからだ。

　その一方で、市場がいきなり大きく上昇したり下落したりして、「今日はすごい日かもしれない」と思うこともある。

　私のトレード理念は、利益がどこまで増えるか知りたければ、含み益を犠牲にする覚悟を持つということである。この考えがなければ、利益がどこまで多くなるかを知ることはできない。

　もしテクニカル分析を使って潜在的な目標価格を常に考えていると、結局は良いトレードを手仕舞ってしまうことになる可能性が高くなる。テクニカル分析を使って手仕舞いのタイミングを計りたくなるが、私はその方法は使わない。もし市場にトレンドがあって、自分がポジションを持っているときは、最高値か最安値で引けてほしいと思っているからだ。

　株価指数の場合、取引日の少なくとも20％ではそうなる。もちろん、がっかりした日もたくさんあるが、素晴らしい経験をした日も多くあったことが、私の理論を支えている。

DAX指数のトレード例

　もう1つ、私が増し玉した例を紹介しよう。今回は、トレード中のチャートを使って説明する（**図表5.16**）。

　この日、DAX指数が最初に下げたとき、私はポジションを持っ

図表5.16

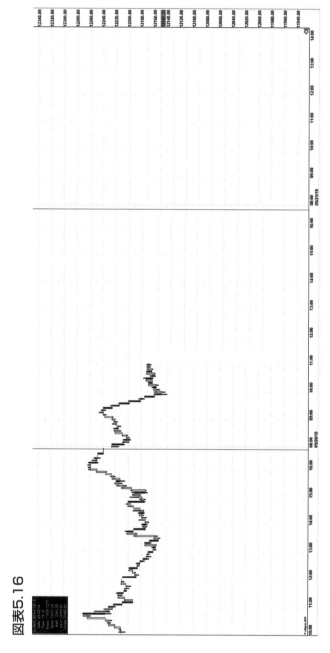

出所＝eSignal.com

172

図表5.17

トレード商品	サイズ	平均価格	現在価格	含み損益
DAX指数	5,000.0	12130.7	12050.5	kr401,080.00
	500.0	12164.7	12050.5	kr57,100.00
	500.0	12165.2	12050.5	kr57,350.00
1	200.0	12166.8	12050.5	kr23,260.00
	100.0	12167.5	12050.5	kr11,700.00
	100.0	12162.3	12050.5	kr11,180.00
	100.0	12163.7	12050.5	kr11,320.00
	100.0	12156.3	12050.5	kr10,580.00
	100.0	12156.0	12050.5	kr10,550.00
	100.0	12155.8	12050.5	kr10,530.00
2	200.0	12146.3	12050.5	kr19,160.00
	1,000.0	12110.8	12050.5	kr60,300.00
	1,000.0	12110.8	12050.5	kr60,300.00
	500.0	12108.0	12050.5	kr28,750.00
	500.0	12108.5	12050.5	kr29,000.00

注＝krはデンマーククローネ

ていなかった。そこで、反転したところで売った。それが、**図表5.17**の１で囲ったところである。

　DAX指数はやっと反転して下降トレンドが継続した（**図表5.18**）。そこで増し玉したのが**図表5.17**の２で囲ったところである。ここでは次の点に注目してほしい。

１．私は、すでに下げているなかで売ることを恐れていない。しかし、ほとんどの人はそれをしたくない。

２．この例では、ポジションを少しずつ増し玉し、ある程度の含み益になったら積極的に増やしていった。

図表5.18

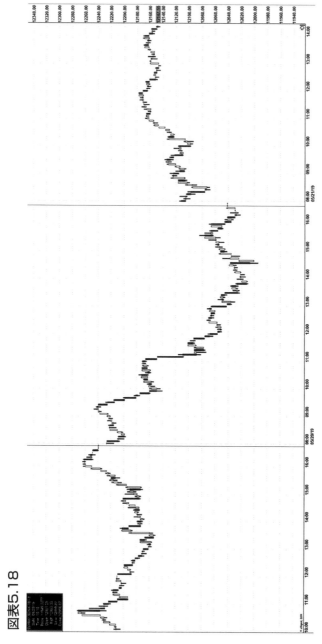

出所＝eSignal.com

　勝ちトレードに増し玉するという要素を自分のトレードに取り入れるためにはどうすればよいのか、ぜひよく考えてみてほしい。私は、あなたのトレード計画を書き換えるつもりはない。また、あなたを私のコピーにするつもりもない。私は、ポジションに増し玉していくバロメーターとして、トレードにおける痛みの価値を理解してもらいたいと思っている。

　もし不快ならば、おそらくそれが正しいことなのだろう。

　繰り返しになるが、なぜ多くの人が勝ちトレードではなく負けトレードに増し玉するほうが楽なのかを真剣に考えてみてほしい。

　トレードを美化していると責められたくはない。トレードはリスクが高い。20年前、ヨーロッパのほとんどの証券会社は今日で言うところのネガティブバランスプロテクションを提供していなかった。これは、トレード口座の残高を超える損失は出せないようにすることで、今日では法律で定められている。

　それでも、想定をはるかに超える損失を被る可能性はある。特に、私のように増し玉していけば、そうなる可能性は高い。

　トレードが上達すると、より大きなサイズでトレードしたくなる。しかし、ポジションが大きくなると、市場が少し逆行しただけでも含み益が大きく減る可能性がある。

　証拠はここにある。次の例は、DAXで大きな含み益が出ていた素晴らしいポジションが、大きな損失で終わったケースである。最初のポジションは11288で売り、そのあとは下落に合わせて増し玉していった。しかし、市場は反転し、私は前の高値でさらに増し玉した。

　図表5.19の時点で、私は1ポイント当たり4500クローネ売っており、25ポイント負けていた。私はこのすぐあとで損切りした。

図表5.19

トレード商品	サイズ	平均価格	現在価格	含み損益
DAX指数	4,500.0	11289.4	11314.0	kr110,5100.00
	300.0	11288.3	11314.0	kr7,710.00
	350.0	11286.8	11314.0	kr9,520.00
	400.0	11285.2	11314.0	kr11,520.00
	500.0	11285.0	11314.0	kr14,500.00
	500.0	11279.0	11314.0	kr17,500.00
	500.0	11274.8	11314.0	kr19,600.00
	450.0	11295.2	11314.0	kr8,460.00
	500.0	11293.2	11314.0	kr10,400.00
	500.0	11292.7	11314.0	kr10,650.00
	500.0	11312.7	11314.0	kr650.00

注=krはデンマーククローネ

不快感

　プロスポーツの世界と同様に、トレード業界にも近道はない。私はトレードをしているときに不快になることを想定している。時には、数分が数時間に感じることもある。何かしたいという気持ちを抑えられなくなるとき、私は市場よりも自分の感情と戦っている。

　そしてやっとポジションを建てると、何かで心を満たしたくなる。しかし、何で満たすかについては注意してほしい。もしポジションの損益がマイナスになれば、保有し続けたい無意識と戦うことになる。

　私は意識的に損切りを置いたが、私の無意識はそれを動かしたくて仕方がない。なぜなら、損失を確定させたくないからだ。

　もしポジションの損益がプラスになっていると、私の無意識は利食いたくなる。なぜなら、利益を確定して満足したいからだ。つま

り、トレードが勝っていても負けていても、心はいつも戦っている。

　勝利のカギは、２つの脳の存在を知ることから始まる。そして、敵の次の動きを予想する能力が欠かせない。無意識は比較的単純で、ただただ痛みを避けたい行動をとる。

　無意識の脳にとって、トレードに関連する痛みは２つある。１つ目は利益を見たときの痛みで、それがなくなってしまう痛みを避けたいから利食いたいと思う。２つ目は損失の痛みで、損失を実現する痛みを避けたいので、できるだけ長く保有しようとする。損切らないかぎり、希望を持ち続けることができる。

　要するに、どちらの脳の声を聞くかが10％の勝者と90％の敗者を分ける。私はそのことに気づくのに何年もかかった。しかし、それが分かると、自分の心に対処するためのシステムを作った。これはトレード判断を下すときに無意識の感情の影響に対抗するためのトレーニングプログラムである。

　前に書いたラウンド・ザ・クロック・トレーダーのイベントで、売った瞬間に逆行したら怖くないのか、という質問を受けた。

　この質問を本当にしているのは、彼の脳のなかの恐怖で支配されている部分である。市場が反転する可能性は十分ある。そんなことは起こらないなどと言ったらウソになる。おそらく10回中５回くらいは起こっているだろう。つまり、ここで質問すべきは、どちらがより大きな痛みをもたらすかなのである。

１．売ったあと市場が反転上昇した

２．トレードしていないときに市場が反転上昇した

３．売ったあと市場がさらに下げた

４．トレードしていないときに市場がさらに下げた

選択肢1

　売ったら、いまいましいことに市場が反転上昇した。イライラするが、損切りが手仕舞ってくれる。少なくとも自分の計画に従うことができた。

選択肢2

　トレードしていないときに市場が反転上昇した。うれしいことなのかもしれないが、計画には従わないと自分を訓練してしまい、その報いを得ることになる。

　売っていれば損失が出たが、一方でそれをしなかったことで罰を受ける。私の心は、チャートを読む優れた自分のスキルを称賛しているが、その理由は間違っている。

選択肢3

　私は計画どおりに売り、市場はさらに下げた。しかし、喜んで拍手する代わりに、さらに積極的になって増し玉する。私はすべきことはすべてやっている。

選択肢4

　売る計画に従うのをやめた。しかし、市場はどんどん下げている。もし売っていれば、最初のトレードの損失をすべて取り返していただろう。しかし、そのチャンスを逸した。

あなたがどう思うかは分からないが、私の場合は計画に従わないで動きを逃したときのほうが、計画に従って逃したときよりも心が痛む。

行きすぎとは何か

売りトレードのあとに、「市場がすでに行きすぎになっていても気にならないのか。すでに乗り遅れたとは思わないのか」と聞かれたこともある。

この質問をした人は、きっとDAX指数がその日に１％上がったあとは買わないのだろう。

これはまさにスーパーマーケット的思考と言える。安売りを探し、値上がりしたものは買わない。

しかし、それは錯覚だ。DAX指数がその日１％上がったからといって高すぎるとは言えない。私たちは、すでに値上がりしたものを買いたくない。それよりも、再び下げてから買いたいと思う。そうすれば「安い」からだ。

同様に、私たちはすでに下落したものを売りたくない。それよりも、再び上昇してから（高くなってから）売りたい。より割高を売れるからだ。

原則として、私はこれらの考えには同意できない。問題は、それこそが多くの人がやりたいことで、ほとんどの人は間違う傾向があるからだ。いや、違う。間違う傾向があるのではなく、間違っている。もちろん、彼らの勝率は60％だが、彼らは間違ったときに大きく間違う。天井や底がどこかなど、どうして分かるのだろうか。私はこれまでたくさんのトレードシステムを見てきたが、天井や底を

許せる範囲の確率で当てることができるものを見たことがない。

　だからこそ、私は市場が強含んでいるときに買い、弱含んでいるときに売るよう勧めている。高く買ってさらに高く売り、安く売ってさらに安く買い戻すということだ。明らかな転換点を逃すかもしれないと言われれば、そのとおりだ。しかし、天井や底を狙っていれば、そのうちに価格を追いかけることになる。

　利益が消えることにストレスを感じるときは、アメリカのスーパートレーダーで、プレッシャーのなかでも正しいことをすることにかけて伝説的な評価を受けているポール・チューダー・ジョーンズのことを、私は思い出すことにしている。

　午前中ずっと上昇していた日、ジョーンズは安定的に買っていった。彼のポジションは数百枚になっており、かなりの含み益が出ていた。

　ところが突然、市場が明らかな理由もなく下げ始めた。彼はまばたき1つせずにすべての買いポジションを売った。市場は下げ続け、彼は売りを始めた。同僚は、彼が売りを始めたことを知らず、この下げについて買い始めるチャンスだとコメントした。

　そのあと次のような会話が続いた。

「正気かい」とジョーンズが言った。

「どういう意味だ」と同僚が言った。

「正気とは思えない。市場は15分足で100ポイントも下にブレイクしたのに、本当に買いたいのか」

「君はどうするんだ」

「もちろん私は買おうとは思っていないと言っておこう」

「それなら売るのか」

「もちろんだ」

「でも、もうかなり下げたよ」

「そのとおり。だから売るんだ」

「分かった。ちなみに、どこまで下げたら買い始めるのか」

「下げているのに、なぜ買うのか」

「とても安い絶対的なバーゲン価格だからだ。15分前よりも100ポイントも安い」

「安いとか高いとか考えるのはやめたほうがよい。画面上の数字にすぎない」

「理解できないな。下げ続けていれば、どこで買えばよいのか」

「下げ続けていれば、買うのではなく、売り続ける。下げ続けていれば、ゼロになるまで売り続ける」

「もし上昇に転じたらどうするのか」

「もし上げ続けていれば、私も買い続ける」

　私が大好きなエピソードだ。ポール・チューダー・ジョーンズのトレードを見ると、彼がやることすべてに彼のエネルギーと強さと決意と絶対的な自信を感じることができる。彼は「売れ」と言うのではなく、足を踏み鳴らし、手を振りながら「売れ」と叫ぶのだ。

　私は、彼が確信をもって買ってから売りに転換した切り替えの速さを尊敬している。残念ながら、これは簡単に身に付く性質ではない。トレード経験が何十年あっても、スイッチを切り替えて買いから売りに転じることができないトレーダーを私は何人も見てきた。

底を見つける

　株価の底を探そうとする試みは、高くつくことがある。多くの人は間違いを犯すが、それがどれほどのコストをもたらすのだろうか。2008年のリーマンショックの最中にテレビでCNBCのマッド・マネーという番組を見たときのことははっきりと覚えている。

　番組のなかで、司会者のジム・クレーマーが、ベア・スターンズの健全性を問う視聴者からのeメールを紹介した。もしクレーマー氏が当時に戻ることができれば、きっとこのときの発言を撤回したいに違いない。

　このとき、彼はカメラに向かってベア・スターンズは大丈夫だと叫んだ。しかし、それから2〜3日でこの会社は破綻し、もう復活することはなかった。

　私が2001年に初めて顧客対応をしたときのことは前に書いた。私は、マルコーニ株はさっさと売ったほうがよいというあまり歓迎されない助言をした。そして2007年、歴史は繰り返した。

　トレードでも、スーパーマーケットの心理に影響されやすい人はたくさんいる。前にも書いたが、私たちはスーパーマーケットに行くと、安売りに引かれる。私が週末に買ったものを見ても、普段買わないものがいくつかある。

　もちろん、これらのものはある時点で必要になる。トイレットペーパーは必ずいる。食洗器の洗剤や石鹸もいる。これらのものが今週、私の買い物かごに入った理由は安かったからだ。50％オフになっているものを買わないでいられるだろうか。

　ただ、スーパーマーケットの50％引きと、金融市場の50％引きは同じではない。私が8年以上務めた証券会社のシティ・インデック

スでは、2007〜2009年のリーマンショックで多くの顧客がこの現実に直面した。

　2006年、何年も動きがなかったノーザン・ロック社の株が数カ月で50％上昇した。しかし、シティ・インデックスの顧客は上昇中のこの株にほとんど関心を見せなかった。

　ところが、そのあとこの株が少し下げ始めると、顧客の関心は高まった。それはまるでスーパーマーケットでトイレットペーパーが半額になったときのような反響だった。

　ノーザン・ロックは、活発にトレードされるようになった。株価が下げるたびに、関心は高まっていった。ある土曜日の朝、自宅に電話がかかってきた。この時点で、ノーザン・ロックの株価は1200ペンスから500ペンスに下落していた。

　電話をかけてきた人物に心当たりはなかった。以前に行ったテクニカル分析に関する講演会で配った名刺を見て電話をしてきたようだった。彼は土曜日の朝早くに電話したことを謝ったあと、彼と友人がノーザン・ロックに投資しようと決めたが、本当にそうすべきかプロの意見を聞きたくて電話したということだった。

　私は、朝7時に知らない人に起こされてイラついたうえに、この質問自体にさらにイラついた。この時点で、ノーザン・ロックは急降下していた。私はこの人物に次のような趣旨のことを言った。

　　ノーザン・ロックに何が起こっているのか私には分からないが、
　　何かがものすごく間違っている。市場全体も下げてはいるが、
　　ノーザン・ロックはそれよりもはるかに下げている。
　　私が恐れているのは、私たちも市場も知らない何らかの欠陥が
　　あるかもしれないことだ。どこかのだれかが、何かがものすご

く間違っていることを知っていて、その人たちが売れるうちに売っているような感じがする。

　そして私は、5年前のマルコーニのときも、たくさんの顧客があなたと同じことを言っていたとも話した。下げ続けるマルコーニを買い続けていた顧客は大金を失った。安物買いをしたからだ。会社の上客が、間違った側にいることを認めたくないばかりに大きな損失を被るのを見るのはとても残念な気分だった。

　そして私は言った。「トレーダーの立場で言えば、あなたは非常に危険な行動に出ようとしています。今、ノーザン・ロックを買えば、意味のある損切りを置くのは非常に難しいでしょう。あなたは今、実質的に落ちていくナイフをつかもうとしています。それに、世界中で投資する価値がある銀行はノーザン・ロックだけだと言っているように聞こえます」

　「あなたはノーザン・ロックが破綻しないような言い方をしています。200年前からあるのだからこれ以上悪化しないで好転するような言い方もしています。あなた自身が、大きすぎてつぶせないとまで言っています。つまり、あなたもすでにある程度この危険性を分かっているということですよね」。私は、ベアリングス銀行を覚えているかと聞くと、彼は覚えていた。

　私はなおも続けた。「ノーザン・ロックを勧めない理由はもう1つあります。もし幸運にも買ったあとに反転したとすると、あなたの頭には下落しているものを買うことはまったく問題ないと刷り込まれます。この考え方はスーパーマーケットではうまくいきます。トイレットペーパーは必需品だからです。石鹸もそうです。もしこれらの製品を50％オフで買えるならばぜひ買うべきです」

「しかし、金融市場がスーパーマーケットのような割り引きをすると思うのはバカげています。金融市場に、スーパーマーケットのようなバーゲンはありません」

結局、ノーザン・ロックは破綻した。イギリス政府は預金を保護すると発表したが、それでもパニックは収まらず、取り付け騒ぎが起こった。

正しく考える

次のエピソードを読むと、そんなことは自分には起こらないと思うだろう。そのとおりかもしれない。私もあえて反論するつもりはないが、ここで1つ簡単な質問をしたい。

投資Aと投資Bという2つの投資を行っているとする。2つは最初、どちらも10万ドルの価値があった。

投資Aはうまくいき、50％上昇した。

投資Bはうまくいかず、50％下げた。

ここで急に5万ドル必要になった。あなたならばどうするだろうか。

1．投資Aの3分の1を手仕舞って5万ドルを都合する。
2．投資Bを手仕舞って5万ドルを都合する。

私は最近、コペンハーゲンで開かれた会議に参加したときに何人かの投資家にこの質問をしてみた。ほとんどの人が1を選んだ。投資Aの一部を手仕舞って5万ドルを得るというのだ。

なぜ1を選ぶのだろうか。なぜうまくいっている投資を手仕舞う

のだろうか。

　私の理論では、すべてが損失に対する考え方に集約される。損失を受け入れて先に進むか、それとも損失を避けて、ポジションがあるかぎり復活する希望があると考えるかの違いだ。

　もちろんこのような状況でどう反応するかは分からないが、わざわざ架空の例を用意する必要はない。前に2万5000人のトレーダーが行った4300万件のトレードの話を書いたが、彼らの負けトレードの損失は、勝ちトレードの利益よりも大きかったことを思い出してほしい。

　感情的には、勝ちよりも負けのほうが明らかに辛い。そうでなければこのような異常事態にはならないはずだ。人間は痛みをもたらす判断を先送りする。負けトレードを保有し続けてしまう理由はそこにある。

　私たちはすぐに満足したいが、痛みは遅らせたい。そして最後まで希望を持ち続ける。負けポジションも保有し続けるかぎり希望がある。

麻薬常習者とCEO

　今の概念を、例を使って説明したい。これは、好調なフォーチュン500企業のCEO（最高経営責任者）をクビにして、一発逆転を狙う麻薬常習者に賭けるようなことである。

　乱暴な言い方かもしれないが、麻薬常習者が一発逆転するよりも、CEOが成功を続ける可能性のほうが高いと思う。

　だからこそ、私はトレードはテクニカル分析だけではとうてい足りないと言っている。だからこそ、私は損失をほとんどの人たちよ

りもうまく対処できるようになる必要があると言っている。彼らは
損失の対処の仕方が非常に下手なので、投機で利益を上げることが
できないでいる。

自分の心をコントロールすれば将来をコントロールできる

　私はマゾヒストではない。まったく違う。私が痛みについてくどくどと書いているのは、トレード利益における痛みの役割を分かってほしいからだ。私はトレードにおいて90％の人が希望や夢をかなえられない理由を説明しようとしているが、これはとても難しいことでもある。

　たくさんの人が同じ間違いを何回も繰り返しているのは、まだ明らかになっていない深い意味があるからに違いない。ただ、ここまで読んできた人たちならば、何が間違っているのかをよりよく理解できていると期待している。

　私のモットーは、自分の心をコントロールできるようになれば、将来もコントロールできるようになるということである。そして、そのためには常に警戒しておく必要がある。自分の人生は自分で切り開いていくものだ。そうでなければ自分の人生ではない。そのためには、すべて自分の責任で行動する必要がある。

　自分の王国は自分で支配しなければならない。目を半分閉じて人生を送るのではなく、目をしっかりと開いて進んでほしい。自分が何をしようとしているのかを理解し、準備を整え、自分の望む人生を手に入れてほしい。

　この思考過程は何回も再確認してほしい。心は流されやすいのだ

から。人生には注意をそらすものがたくさんあり、何ももたらさない実体のないノイズに私たちの脳は引きずられてしまう。脳は、静かに熟考するよりも、Facebook（フェースブック）やYouTubeを見てしまう。

さまよう脳は、信念や瞑想やそれ以外の自分に合う方法で毎日整えることで、コントロールできる。有名な医師が、人にとって最適な運動は何かと聞かれたとき、「あなたがやっているもの」だと答えた。実際に続けられることであれば、瞑想でも日記でも、自分が集中できることなら何でもよい。

１日の決まった時間に、自分の目的や自分がどういう人間かを思い出す時間を取ってほしい。世界には、健全なセルフイメージを歪める誘惑にあふれている。誘惑は、今のままではダメだとささやきかけてありのままの自分を変えさせようとする。

しかし、あなたはあなたのままでよい。

優れたトレーダーになることと、ツールやチャートはあまり関係がない。これは、人間の弱さとの闘いなのである。もし高レバレッジや高リスクの投機をしたいならば、人が普通に持つ恐怖や強欲やそのほか素晴らしい感情反応のセンサーを切らなければならない。つまり、自分の人間の弱さと闘う必要があるということである。

第**6**章
嫌悪感
Disgust

　私が若かったころ、初めて恋人ができた。彼女にとっても私が初めての恋人だった。私たちはとても若く、真剣に愛し合っていた。

　彼女は少しふくよかなタイプで、私にはそれが魅力的に見えた。しかし、彼女はそれを気にしていてダイエットを始めた。彼女は以前にもダイエットをしたことがあったが、いつもそれを続けることができなかった。しかし、今回は恋がギアを一段上げていた。彼女の体重は劇的に減り、それが私と彼女の家族を、書くのが辛い結末へと導いた。

　摂食障害は深刻な心の病だが、動機に関する非常に興味深い現象でもある（悲劇的なエピソードを行動を変えるカギの説明に使うことを許してほしい）。

　私たちは食べることが脳の回路に組み込まれている。訓練しなくても食べることができる。ところが、この組み込まれたパターンが、太りたくないという世間の目を気にする動機で書き換えられることがある。この動機の力は摂食障害の患者にとって非常に強く、医学的治療も心理的治療も効果のないことが分かっている。

　この強力な動機の根底には何があるのだろうか。これはスローガ

ンでもプラス思考でもない。私のガールフレンドの動機は恋だった
が、私は嫌悪感がさらに重要な役割を果たしていたと思っている。
彼女は、脂肪や肥満に関係すると感じることすべてのことに嫌悪感
を抱いていた。この力は非常に強く、食事をとるという脳に組み込
まれたパターンすら破壊してしまった。

　人は力によって動かされている。これらの力は何かから逃げたい
欲求や、何かを目指す強欲などから生まれる。私の場合は、まずは
何かから逃げたいという動機がある。

　私の実家はデンマークの裕福な地域にあり、裕福な子のための学
校に通っていた。しかし、両親が離婚すると、私は巨大な庭付きの
大きな家から1LDKのアパートに引っ越し、父は居間の引き出し式
ベッドで寝るようになった。

　当時の私はまだ子供だった。学校の友だちはみんなリーバイスの
ジーンズとラコステのシャツを着ていたが、うちにはそんなお金は
なかったため、そのことが私に劣等感を植え付けた。

　私はアルバイトができる年齢になると、すぐに働き始めた。稼い
だお金は、もちろんブランドの服につぎ込んだ。

　また、賢明にお金を貯めた。言い方を変えれば節約した。私はア
ルバイト代で銀行預金が増えていくことを誇りに思った。貧困から
抜け出せるからだ。

　私の信念と経験においては、逃げる目的のほうが何かを目指す目
的よりもはるかに大きな動機になっているが、それはあくまで私の
優先順位である。あなたも自分が何を優先するかを、次の単純な
シナリオを使って調べることができる。減量する理由としてどちらの
ほうが強い動機を与えるだろうか──完璧な体形のあなたの写真と、
太りすぎの体形のあなたの写真。

　私は友人たちにどちらが動機になるか聞いたところ、全員が完璧な写真よりも太った写真のほうが強い動機になると答えた。ただ、両方なると言う人も何人かいた。それも分かる。

　私は、嫌悪感は喜びや幸福感よりもはるかに強い感情だと考えている。私たちは毎日、何かしら幸せを感じることがあるが、それはたいてい忘れてしまう。しかし、嫌悪感については忘れることはおそらくない。

　間違って腐った牛乳を飲んでしまったことや、顧客の口臭がひどくて吐きそうになったことは忘れることはない。

　エド・スィコータは、「だれでも市場から自分が欲しいものを得る」と言っている。私はそれを読んだとき、違うと思った。私は勝ちたかったが、勝てておらず、明らかに欲しいものを得られていなかった。

　私はこの言葉に不快感を覚えた。トレードで利益が出ないことで消耗していた。長い時間をかけて勉強し、調べ、試し、計画を立て、比率を計算し、これ以上何をやればよいのかと悩んでいた。

　だれでも自分の人生を振り返ってみると、おそらく自分が抱いた嫌悪感によって劇的に変わったことがあるだろう。人が目的に本気で取り組むのは、嫌悪感を持ったときなのである。私は長いこと自分のトレードに嫌悪感を持っていた。パターンはいつも同じだった。

１．魔術師のようにトレードする
２．自信過剰になる
３．トレード口座が破綻する

　私はうんざりしていた。やる気はあったし、トレード画面には信

念を書いた付箋をたくさん貼り、自己啓発の練習もしたが、それは自分の身体から生み出される嫌悪感にはとても及ばなかった。

　もし嫌悪感が食べることを避けるべき行動に変え、アルコール依存症患者の飲酒を過去のものにできるならば、嫌悪感は自分を誇れるトレーダーに変えてくれることもできる可能性がある。

　ショックを与えたなら謝る。私をよく知る人でも、私がトレードにおいて模範的な行動を確実にとるために実行している極端な手順にはおそらく驚くだろう。

　私は、トレードを始めたころのジェットコースターのような状況に戻るつもりはない。私は失った金額の多さに嫌悪感を抱き、自分を恥じていた。

　私たちは、心から嫌悪感を抱くと、そのパターンを変えようとする。信頼を裏切ってお金を奪った人と仕事を続けたいと思うだろうか。ノーだ。そのような不誠実な人には嫌悪感を抱き、縁を切ろうとする。

　もし自分のパターンが自分に誓ったことに反して何回も損失をもたらしているならば、実は自分自身がその不誠実な人になっている。しかし、そのような自分のパターンに本当に嫌悪感を抱けば、それをきっぱりと遠ざけることができる。

　負けているトレーダーが負け続けているのは、変わりたくないからだ。自分を変えるのはきつい。私はあるときからトレード後にその日のトレード結果をチャートに付け始めた。自分が仕掛けたところと手仕舞ったところに印を付けていくと、ひどいものだった。この作業は自分を何回も責め続けている感じで、自分の無謀さに嫌悪感を覚えた。

　私は、自分がひどいトレーダーだという事実を直視する必要があ

った。私はテクニカルアナリスト認定試験の対策内容を暗唱できる
ようなタイプだったが、実際のトレードでは次のようなことをやめ
ることができなかった。

1．退屈に負けてトレードしすぎる
2．怒りや負けを取り返したくてトレードしすぎる
3．忍耐が足りなくて早めに仕掛ける
4．トレンドに反して仕掛ける──その日の安値で買おうとする
5．恐怖に負ける──勝ちトレードの含み益が消えることを恐れて
　　早々に手仕舞う
6．ナンピンをする──負けトレードに増し玉する

アルコール

　トレードがうまくいっているときは、大きな利益を得る。友人で、
トレードメンターのラリー・ペサベントは、私に伝える情熱を植え
付けた。ペサベントはトレーダーとして尊敬できる人物だが、彼が
ほかのトレーダーを助けしようとする情熱についても同じくらい尊
敬している。

　私が支援しているプロジェクトの1つに、飲酒問題がある。私は、
自分がかつて依存症の本質について理解する助けになった本を、飲
酒をやめたいと真剣に望んでいる人に送る活動をしている。

　私は、かつて恋人と別れた痛みからアルコール依存症になった。
私は忘れるために飲んだ。まだ彼女のことが好きだった。自分がバ
カだったせいで、彼女は離れていった。そして、私は酒を飲み始め
た。

問題は、自分では飲酒をやめられそうになかったことだった。この状態は何カ月も続き、自分ではどうしようもなくなって助けを探した。AA（アルコール・アノニマス）の会合で「私はトム・ホウガード、アルコール依存症です」と自己紹介したときのことは今でも鮮明に覚えている。

　これは恐ろしい体験だったが、同時に安堵もしていた。私は詐欺師のような気分だった。自分の人生に矛盾があるようにも感じていた。私は表向きは成功者だった。高級SUV（スポーツ・ユーティリティ・ビークル）とアウディR8を所有し、高級住宅地の海が見える家に住んでいた。不幸になる理由などあるはずはないが、その1つが自分自身と飲酒をコントロールできていないことだった。

　AAの会合に参加するのは、世界中の人たちの前で裸にされるような気分だった。そこに行くと、太った尻や小さな陰部や垂れた胸やセルライトや傷跡やシミや吹き出物やこぶやハゲなど、思い当たるあらゆる欠陥がさらされる。絶対に見せたくないものを、会場の全員に見せているのだ。

　しかし、プログラムが終わると、真実に気づく。自分を壊すことで生き残ることができ、本当になりたい自分に生まれ変わることができる。新しいスタートである。虚栄心を捨て、新しいキャンバスに向かう私が今、ここにいる。

　そうなれば、周りの壁は自分が好きなように飾ることができる。ちなみに、この手法はエリート兵の訓練でも使われている。兵士たちは限界を超えるまで追い込まれ、それを乗り越えると、より強く、より賢くなり、自分の力や能力や任務遂行に揺るぎない信念を持つようになる。

　正気で自分自身をさらけ出すことが楽しい人などいない。だから

防衛的になったり、自分の立場を主張したりする。自分のアイデンティティーが問われているのだ。それをエゴでもアイデンティティーでも好きに呼んでくれてよいが、だれでも知性を疑われたくはない。いつもの道を進むほうが、立ち止まって評価し、方向転換するよりもはるかに痛みは少ない。

　慣れた道を進むことを選べばわずかな痛みが続くだけだが、その痛みは自分だけでないのだと自分に言い聞かせることで痛みを軽減できる。多くの人が間違っていたとしても、数字には力がある。しかし、そのうちに進歩しない自分や問題を起こしている行動をやめることができない自分に嫌悪感を覚えるようになる。

　AAに参加していたときはどん底だった。私は自分を評価し、自分自身に正直になった。しかし、すべてが新しく、裸にされた気分で、孤独で、さらけ出されていることは容赦ない痛みをもたらした。

　しかし、それこそが力なのだ。正直になれば、力がみなぎる。立ち上がって世界と自分に宣言すれば、力にあふれる。「私はこういう人間だが、それが嫌だ。大嫌いだ。恥じているが、それが自分だ。今は白紙の状態だ。新たなスタートを切る。これは森林火災のようなことだ。すべてを焼き払ったあとには新しい命が芽吹く」

　私はもう6年間、アルコールを飲んでいないし、これからもけっして飲まない。最終的に助けてくれたのはAAではなく、健康な生活を提唱するジェイソン・ベールだった。彼に直接会ったことはないが、私の人生を正しい道に乗せてくれたことにお礼を言いたい。私はだれよりもたくさん彼のアルコール依存症に関する本を買っている。世界中の人たちに送っているからだ。

　ベールは、アルコールの落とし穴についてだれよりもうまく説明している。私は、彼の本を読んで依存症の本質に対する理解が格段

に上がり、その日から飲酒を簡単にやめることができた。

　このことがトレードと何の関係があるのかと思ったとしても不思議はない。答えは簡単だ。もし少しでもトレード経験があり、思ったとおりに行っていないとき、あなたには選択肢がある。1つ目は、「いずれ好転するだろうと思ってそのまま続けること」。好転はしないだろうが、きっと聞く耳はもたないだろう。

　2つ目は、「私のアドバイスを聞くこと」。本書をここまで読んできたのならば、改善する余地はあるかもしれない。そのためには自分をさらけ出し、自分自身に正直になる必要がある。トレードをいったんやめて見直しを始めるのだ。そうすれば、自分がやり続けている何が利益を妨げているのか理解できるようになる。

　自分を解体し、プロセスを整理し、トレードのメンタル面に私の指針を取り入れて自分を立て直したうえで、少額の資金からまったく新しい考え方とアプローチでトレードを始めればよい。

第7章
さまよう心

The Drifter Mind

　私たちの心の仕組みはとても興味深い。脳は私たちの最高の友にもなれば、最大の敵にもなる。私が人前で話をするときは、パワーポイントのほぼすべてのページに私の信条が書かれている。

　心をコントロールすれば、将来もコントロールできる。

　人は自分がしたいことをしなければならない。人生は、自分の魂に従って生きることもできれば、他人があなたに生きてほしいと思っていることを忖度しながら生きることもできる。

　すべての行動に責任を持てば、自分の心に沿って人生を自分のものにできる。自分の人生にしなければ、コントロールすることはできない。そのためには、すべての行動に責任を負う必要がある。

　それ以外の人生を生きる意味があるだろうか。

　他人にこびるような人生を送る必要があるだろうか。自分の王国は自分で支配するのだ。ただ、気を引き締めて行かなければならない。たくさんの難しい判断を迫られることもあるし、決意が揺らげば自分の心が当てにならないこともある。

　人生は、目を半分閉じて通り過ぎることはできない。自分がどこに向かっているのかを知り、自分の人生を把握しなければならない。

友人や家族に頼ることができればよいが、人生という旅はそうはいかない。すべての責任はあなたにある。

トレードという旅を含む人生の旅は、自分の弱さを探すことでもある。どんなときに自分の心が折れるのかを知っておかなければならない。世界のほとんどの人にとって、その1つは心が揺れるときである。

私たちはだれでもやるべきことは分かっている。それについての知識も持っている。しかし、多くの人にとって知識から行動への道、つまりいつその知識を実践するかは、人生のさまざまな分野においてはかなり分かりにくい。

心はさまよう。残念なことだが、まったく自然なことでもある。しかし、これにはささいだが強力な解決策がある。それは、常に自分の目的を再確認することである。瞑想するときでもよいし、起きて歯を磨くときでもよいので、目的を思い出せと自分に唱えればよい。1日のどこかで、自分がどこに向かいたいのか、何をしたいのかを思い出す時間をとることはできるはずだ。

私は、常に自分にとって最大の利益になる行動がとれるわけではない。つまり、私の心は常に指針と方向性を必要としている。理由は分からないがそうなのだ。ただ、世界中のほとんどの人がそうではないかと思っている。多くの人が、まだ気づいていないから変わろうとせず、人生をさまよい続けている。それで金銭的に成功できないわけではないが、金銭面と精神面の両方で満足できればさらによいと思う。仕事は睡眠を除けば、最も多く時間を割いていることだからだ。

私はプロのトレーダーである。つまり、心の準備が百パーセントできていなければ、トレードのリングに上がるわけにはいかない。

この仕事は、ほかに類を見ない心理戦だ。勝ちたければ、今重要なことに集中しなければならない。残念ながらエド・スィコータの言ったことは正しかった。私はこの戦いのテクニカルの部分しかうまくできなかったから、それなりの結果しか得られなかったのである。

　この例えは好きではないが、トレードでテクニカルな部分だけができる状態は、スナイパーがライフルの扱い方だけを知っているのと似ている。戦場で自分の心をうまくコントロールできなければ、結局は何もできないからだ。

　私は積極的に自分の内面をコントロールしようとしている。そのために、自分が市場で今日も勝てると再確認するための十分な自信を自分自身に与えなければならない。

　そしてこの挑戦をより現実的にとらえるため、私は自分のトレードを世界に公開している。これまでなぜそれをしているのか意識したことはなかったが、最近ある人に質問されて気がついた。私がトレードを公開しているのは、自分のトレードに責任を負うことで、集中を維持できるからなのである。

　私はこれまでさんざん迷ってきた。そのことを書いているのは、迷うことを勧めているからでも、同情してほしいからでも、立身出世の話をしたいからでもなく、自分の弱みをさらけ出すことは良いことだと理解してほしいからである。

　心はツールである。もし心にすべてうまくいっていると思い込ませているのならば、トレードでも人生でも望む成功を得ることはできない。

　負けや失敗はエゴを打ちのめすかもしれないが、それは成長するためのロケットの燃料にもなる。こう書くと、先送りばかりしている人の自己啓発マニュアルか、感動のベストセラーでも書こうとし

ているように見えるかもしれない。しかし私が言いたいのは、「正直になる」ということである。自分に正直になれば、自分1人のときでも、40人のアルコール依存症患者の前でも、そのほかのどんな状況でも、99％の人たちが考えていない第一歩を踏み出したことになる。そして、そのときはもう勝利への道を歩き始めているに等しいのだ。

つまり、トレーダーへの道はテクニカル分析の知識を獲得することから始まるが、そのあとはテクニカルとメンタルの訓練を永遠に続けていくことになる。

テクニカル的な訓練は私の日々の仕事の一部だが、メンタルの訓練はより集中して行わなければ、トレード以外の世界のノイズに埋もれてしまう。つまり、私の脳がうまく機能するためには、メンタルに専念する時間が必要になる。

私が取引時間の始まる前に行っているメンタルウォームアップの画像の例を紹介しよう。この視覚的な刺激は、自分が達成しようとしていることに沿った行動をあと押ししてくれる。

この例は少し前に実際に起こったことだが、メンタル面の準備ができていなければ、いつでも起こり得る。**図表7.1**がそのときのすべてを物語っている。

私は、寄り付きのダブルトップで売った。このとき私は、市場がこれから下げるという自分のリサーチを確信していた。

最初の売りを仕掛けたことは問題ない。間違っていたのは次の4回の増し玉だった。4回目は下げているときに増し玉しているのでまだ許せるとしても、全体として無計画で無規律なトレードだった。これから起こることをどれだけ確信していても関係ない。下げていないのに、あたかも下げているときのように増し玉してはならない

図表7.1

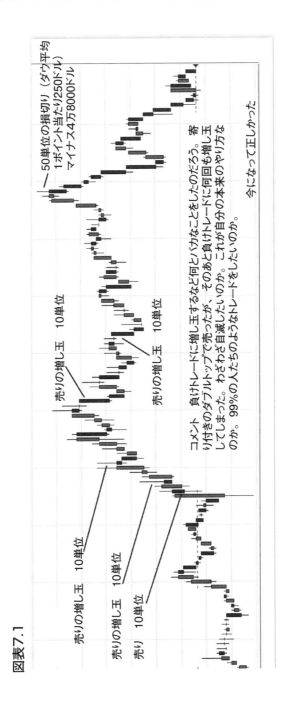

50単位の損切り（ダウ平均）
1ポイント当たり250ドル
マイナス4万8000ドル

売りの増し玉　10単位

売りの増し玉　10単位

売りの増し玉　10単位

売りの増し玉　10単位

売り　10単位

コメント　負けトレードに増し玉するなど何とバカなことをしたのだろう。寄り付きのダブルトップで売ったが、そのあと負けトレードに何回も増し玉してしまった。わざわざ自滅したいのか。これが自分の本来のやり方なのか。99%の人たちのようなトレードをしたいのか。

今になって正しかった

のだ。恥を忍んでこのケースを紹介した。

　このようなチャートを見ることは、私のトレード前の準備の一部で、心のスタミナと規律を構築するための最も有効なツールになっている。これを見ると、自分の弱さをすべて思い出す。自分の心は注意して鍛えておかないと、興奮と満足を求めて暴れ出してしまうことを思い出すことができる。

　利益を増やす最善策の１つとして、私は目標設定と視覚化を使って、意識と無意識の両方が利益を上げることに向かうようにしている。また、目的を達成するためには、恐怖も利用している。例えば、考えただけでも不安になるような大玉でトレードすることを想像するのだ。

　ベッドや仕事場で静かに座って行う訓練もある。周りが静かならばそのまま、そうでなければ耳栓をする。トレードしていると市場が逆行した状態をイメージする。そこには損切りする自分がいる。

　想像のなかで私はXYZ株を買い、株価は上がっている。私の脳が手仕舞って利益を確定しろというシグナルを送ってくるのを感じる。しかし、私は含み益の増減を見ながら何もしない。

　結局、大きな含み益は小さな利益で終わった。私は微笑んで受け入れ、それでよいと自分に言い聞かせて次に進む。私は想像上のシナリオで脳にできるだけ大きなストレスを与える。例えば、買って市場が上昇していたのに、ブレイキングニュースで市場が暴落した、などと想像するのだ。

　私は損益が血の海と化して恐怖が一気に高まっても、冷静にポジションを損切りして、逆に仕掛ける自分を想像する。市場が逆行していても動揺しない自分が見える。

　この方法がだれにでもうまくいくとは保証できない。素晴らしい

と感じるか、多少変えれば役に立つと思う人はいるかもしれない。私にとってこれがうまくいくのは、私が視覚的に学ぶタイプだからだ。私には視覚的なメッセージのほうが伝わりやすい。トレンドに逆行するなと言葉で言われても、猫が鳴いたくらいにしか感じない。しかし、チャートに自分の逆行したトレードを描き込めば、私は納得するし、繰り返すことでさらに効果がある。

　これが私のセラピーだ。これは毎日、精神分析医の診察を受けているようなことで、気合が入る。セラピストは私の思考と視野を広げてくれる。目的は、自分自身にどのような行動をとりたいのか思い出させることにある。これは自分を変え、その変化を維持することでもある。

　しかし、私はなぜこれがあなたにもうまくいくと思うのだろうか。行動にはパターンがある。どう考え、どう感じ、どう行動するかにはパターンがあり、それがその人を形成している。パターンをすべて合わせると、その人の性格になる。

　ただ、パターンはその人の人生の目的や夢の邪魔をすることがある。自分のパターンが、なりたい自分になるのを阻んだり、達成したいことを阻んだりすることもあるのだ。時に、自分が自分の最大の敵になるし、大事な瞬間に自分を止めるのは難しいことが多い。

　怒りの問題を抱えていることが分かっていても、怒りを抑えられなくなる人がいる。食事の問題も同様で、食べている瞬間は自制できない。

　トレーダーは1日中トレンドと闘い、トレード口座の残高は少なくなっているのにやめることができない。ポジションを反転してトレンドの方向に仕掛けるという単純なことができないからだ。そして、場が終了してから自分が嫌になる。

私が行っているウォームアップの目的は、自分の人生の悪いところすべてを1回でなくそうとしているわけではない。目的は失敗しないことを保証するためではなく、自分が達成したいことや、なりたい自分になることに集中したり、その達成を阻むものを思い出したりするために行っている。

　そして、素晴らしいことに、失敗を避ければ成功はほぼ保証されている。私がダイエットしていたとき、コカ・コーラさえ飲まなければ、目標体重を達成できることは保証されていた。だから、そのことさえ覚えておけば、体重は減っていき、それ以外のことをする必要はなかった。

　自分のトレードがうまくいくと確信する必要はない。ただ、自分の脳が自分の利益にならないことをしたがることを知っておけば、負けトレードに増し玉しないですむ。このことは、自分がコントロールできる変数を覚えておく必要があるということを意味している。

　私の朝の行動は、自分のためにならないパターンを変えるために行っている。これは、ある非常に成功しているトレーダーを観察して、彼のようになることを阻んでいるのが自分の何なのかを自問した結果、始めた。

　私のテクニカル分析が彼よりも劣っているとは思わなかった。資金的にもそう変わらなかった。ただ、彼は恐れていないように見えた。どうしたら、私も恐れずにトレードできるようになるのだろうか。自分はそもそも恐れない人になりたいのだろうか。

　私は考えた末に、自分が望んでいるのは必要なときに忍耐と積極性を発揮できるトレーダーになることだった。要するに、2007年のウィンブルドンの決勝で、フェデラーが我慢を重ねてここぞというときにものすごい集中力で攻めたときのようなトレードがしたいの

だ。

　そうと分かれば、あとは自分の目標を毎日、必要ならば1日に何回か、それを思い出すことができるかどうかだった。習慣は、繰り返すことで身に付く。

　人生の知恵がついてくると、私はジョン・レノンの「人生とは、あれやこれやといろんなことを考えている最中にいろいろ起こることなんだ（Life is what happens to you while you're busy making other plans.)」という言葉には多くの真実が含まれていることに気づいた。仕事や家庭のことなど日々の生活に忙殺されていると、人生の全体像は埋もれてしまう。

　私たちは毎日、毎年、仕事や日々のルーティンに振り回されて、人生の終盤になってから過ぎ去ったチャンスに気づく。そうならないためには変わる必要があり、まずは自分に問うてほしい。「何を変えたいのか」、あるいは「人生をどのように変えたいのか」。

　私の答えは、うまくトレードするため、トレードの成功を阻む自分に備わっている傾向と闘うために時間を割きたいということだった。そう考えて、私は毎朝、瞑想と視覚的な練習をして自分の心を整えている。

　そのために、私は自分が難しい状況にいる状態を視覚化し、冷静に行動できるように訓練している。呼吸に集中し、ストレスの高い状況でも冷静さを保ち、実際にそういう状況になったときに自分がとりたい反応ができるようにしている。

　自分を変えることは、ただプラス思考やプラスのイメージを持つことではない。私はプラスのイメージはいらない。欲しいのは、変わらなければ、自分が落ちてしまう地獄のイメージだ。うしろ向きの姿勢に見えるかもしれないが、実はそうではない。欲しいものを

手に入れるための切迫した方法ではあるが、実は非常に前向きな姿勢なのである。

諺にもあるように、「目的は手段を正当化する」。私は常識的な考え方を変えた。私は、自分を駆り立てるものが分かっている。バラの花は私を動かさないが、トゲは私を行動に駆り立てるのである。

市場自体について考えてみると、その行動も私たちとあまり変わらない（私たちが市場だからだろう）。市場は、心配の壁を駆け上がり、希望の坂を滑り落ちる。これはウォール街の格言かもしれないが、市場だけでなく、人についても大いに言える。私は、恐怖と嫌悪感を主役に据えて、主な動機として使っているにすぎない。

再び挑む

1996年、私はフランスのビアリッツの近くにサーフィンに行ったが、まったく歯が立たなかった。波はこれまで経験したものの２倍もあり、何回か乗ろうとしたが、波は速いし、リップは急でうまくいかなかった。

苦労の末に何とか波に乗ったものの、インパクトゾーンから遠すぎて波のエネルギーを取り込むことができず、私は文字どおりノックアウトされた。目の前が真っ暗になったことだけを覚えている。幸い、だれかが私を見つけ、海から引きずり揚げてくれた。私は生き延びた。

その日の午後、私は再び海に入った。私はあまりにも愚かで無知だったため、起こったことが理解できていなかった。知らぬが仏だ。今になってやっと自分の行動が評価できるようになった。ノックアウトはされたが大丈夫だった。このようなとき、ビーチで１日中う

なだれていたいのだろうか、それとも再び挑みたいのだろうか。

　再び挑むことの重要性を示す例を紹介しよう。

　この原稿は、ボラティリティが高くて特に難しかった日の夜に書いている。今日がいつまでも忘れられない日になった理由はすぐに明かす。

　先週は、原油価格が株価指数に大きな影響を与えた週だった。私は当然、金曜日も同じ動きになると予想していた。ダウ平均は寄り付きで200ポイント上昇した。

　しかし、最初の30分でモメンタムは衰えたように見えた。一方、原油のほうは完全にパニック状態だった。私はダウ平均も原油価格に続くと予想して売り始めた。

　図表7.2は、左側がダウ平均で、右側が原油価格を示している。どちらも５分足チャートで、この日の正午から深夜までの動きを表している。

　私はダウ平均が原油価格に続くと思ったし、実際そうなったが、長くは続かなかった。ダウ平均は動きが止まり、まるで急に自分の意思で動き始めたように見えた。原油価格のほうは、午後半ばには１時間強で５％以上下落してほぼ２ドルになったが、ダウ平均は一緒に下げずに横ばいで推移した。私はダウ平均の売りポジションを損切りし、買いに転じた。

　ダウ平均は私が損切りした直後に50ポイント下げ、原油はさらに下げた。私は、ポジションを反転するのが早すぎたと考え、買いポジションを損切りした。この時点で、私はダウ平均の下落が遅れただけだったと確信していた。私は再び売った。あとから見ると、これはその日の安値に近いところだった（寄り付きを除く）。

　ところがそのほんの15分後、ダウ平均はその日の高値を更新した。

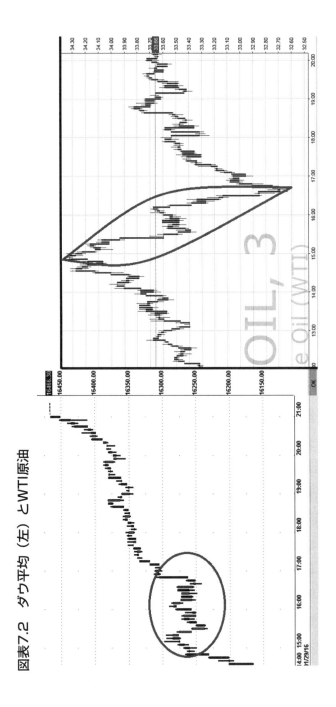

図表7.2 ダウ平均（左）とWTI原油

私は売りポジションを損切りし、頭を掻きむしった。私は最初の安値で売り、次の高値で損切りした。そしてその高値で買って次の安値で損切りした。それから2つ目の安値で売り、新高値で損切りしたのだ。

　私はしばらく考えた。自分は計画に沿ってトレードしていただろうか。自分はもう存在しないかもしれない原油とダウ平均の関係性に賭けていたのだろうか。

　そのとき、一番親しくしているトレーダーから電話があり、少し話をした。私は彼に言った。「原油が下落しているなかで、ダウ平均が金曜日の夜に高値を更新するのはどういう意味があるのか」

　声に出して言うと、少し状況が見えてきた。この日は月末で、市場ではたいてい積極的な買いや売りが入る。

　しかもこの日は金曜日なので、トレンドが始まる傾向もある。私は気乗りしないまま買い始め、市場は上がり続けた。私は増し玉し、価格の上昇に合わせて注意深く手仕舞いの逆指値を上げていった。原油チャートも見ていると、順調に回復していった。

　大引けまで60分のところで（夕食も食べていない）、ダウ平均はこの日の高値を更新した。私の統計データから言えば、最後の1時間でその日の高値を更新したときは売るべきではない。

　この時点で、私は買いポジションに増し玉していた。今はもう典型的なトレンド日の終わりに賭けていた。このような日の市場は、最高値で引けることが多い。

　3回も乗り遅れたら、タオルを投げたほうが楽だったかもしれない。コイン投げで3回同じ面が出たら、やめるのと同じことだ。

　3回続けて負けたからトレードをやめたという人の話を聞くことがある。しかし、市場を理解していたら、そのやり方は間違ってい

ることが分かる。病気になったり、気持ちが落ち込んだりしている
ときはトレードしないほうがよい。しかし、そうでなければ３連敗
したからといってトレードをやめるべきではない。

　この原稿を執筆しながら、私は金曜日までのトレードを見た。こ
の１週間は勝ったのは１日で、４日連続で負けた。これは珍しいこ
とで、前回がいつだったかすら覚えていない。

　映画「フロアード」のなかで、グレッグ・リバが彼らしい言い方
でエレガントに語っている。

　　神に誓って言うが、99％の人は分かっていない。彼らは勝って
　　いるときは賭けを減らしていく。ここは賭けを増やしていくと
　　ころだ。何十万ドルも稼ぎたければ、流れに乗ることだ。サイ
　　コロで３回続けて６が出れば、それに賭けて勝ちを伸ばしてい
　　くしかない。

　リバは分かっていた。彼はピットで史上最高のS&P500先物トレ
ーダーと言われていた。なぜ人は勝っているときに賭けを減らし、
負けているときに増やすのだろうか。

　答えは恐怖だ。

第**8**章
スランプのときのトレード

Trading Through a Slump

　トレードの負けが続いて自殺しようとした友人がいる。彼から電話があり、鉄橋にいるというのだ。しかし、私は彼が人生を終わらせようとしているのではないと思った。ただ、だれかと話をしたいのだと思った。

　この章はトレード本にはそぐわないと言う人もいる。しかし、大金を失った人にとって、考え方は1つではないことを知ってほしいと思っている。

　私自身もトレードの仕事についてたくさんの良い思い出があると同時に、闇としか言いようがない思い出もある。

　以前、アダムという友人がいた。今はどうしているのか知らない。彼には2万ポンド貸している。おそらくそのお金は戻ってはこないだろう。アダムは素晴らしいトレーダーだった。才能にあふれていた。すべてが崩壊するまでは。

　アダムは、兄弟で父が経営する会社の工場で働いていた。会社は繁盛していた。1990年代にトレードに興味を持った彼は、何年かかけて株価指数を30分足でトレードするシステムを開発した。彼はジョージ・テイラーの『**テイラーの場帳トレーダー入門**』（パンロー

リング）からヒントを得たと言っていた。

　彼の戦略は、単純だが非常に効果的だった。30分に1回チャートをチェックして、変数が正しければ仕掛け、そうでなければ次にチャートをチェックするまで何もしない。

　アダムは30分足チャートに精通し、すぐにトレードの利益が父の会社の給料を上回るようになった。彼は工場の持ち分を兄に売り、すべてのエネルギーをトレードにつぎ込むことにした。トレードは非常にうまくいっていた。

　私は、私の自宅やオンラインでアダムと何回も一緒にトレードした。彼には超人的な忍耐力があった。私は、アメリカ市場が始まってから終わるまで画面をにらんで1回もトレードしない人を見たことがない。しかしそれはアダムにとって、シグナルが出なければ普通のことだった。

　驚くべき忍耐力である。

　私は、忍耐力とパターン認識力が彼をスーパートレーダーにしたと思っている。彼は、スーパートレーダーらしい生活をした。注文住宅を建て、愛する家族をつれてファーストクラスで旅行をしていた。

　しかし、スーパートレーダーはみんなどこかの時点で試練を迎える。これは、試練を迎えるかどうかということではなく、必ず通らなければならない道だ。問題は試練を迎えたときに、どれくらい大きな打撃を受けるかということにある。

　アダムの場合はすべてを失った。トレード口座も妻も家も失ったのだ。マンチェスターで路上生活をしている彼を訪ねたことがあるが、彼は一文無しで自暴自棄になっていた。私ができることはしたが、彼は私の助けを拒み、音信不通になった。

　きっかけは不幸な損失で始まり、それが大惨事につながった。アダムは金曜日の夜にあるパターンを見つけ、売りに満玉を張った。取引が終了し、含み益が出ていた彼はこのポジションを週末も持ち越すことにした。

　ところがこの週末、アダムにとっては不幸なことに、アメリカの特殊部隊がサダム・フセインを確保した。金融市場はこのニュースに沸き立った。多くの人が無邪気にもフセインの逮捕によって中東の火薬庫が落ち着くと思ったのだろう。次の日曜日の夜、アメリカ市場はストップ高で始まった。

　ストップ高になると、朝9時30分にニューヨーク市場が開くまで価格がそれ以上上がらない。つまり、ストップ高になると買い戻すことができないため、売っていたアダムはポジションを手仕舞うことができなかった。

　先物ブローカーが電話をかけてきたとき、アダムは起きていた。ブローカーは彼に、選択肢は追証を入れるか、ストップ高が解消されたときに損切るかだと伝えた。彼は追証のための資金を持っていなかった。長い夜と長い1日が過ぎて、午前2時30分にようやく市場が開いた（アダムはイギリス在住だった）。

　市場が開くと株価は急騰した。ブローカーは証拠金が不足しているアダムのポジションを清算した。75万ポンド近くあった資金は、40万ポンドに減っていた。

　40万ポンドあれば十分トレードできると言う人もいるだろうが、彼の頭のなかで何かがプツンと切れた。彼はその日の市場が急騰し、ポジションが清算されたのを目にした。そして不幸なことに、そのあと市場が彼の仕掛けポイントまで下げるのを目の当たりにした。

　市場はグッドニュースが一巡したあと、サダム・フセイン確保は

そこまで素晴らしいことではないかもしれないと感じ始めていた。ダウ平均は大きく下げ、その日の値上がり分はすべてちゃらになった。

アダムは、ブローカーにだまされたような気がした。強制清算されたのではないだろうか。ブローカーは急ぎすぎたのではないだろうか。彼はブローカーに苦情を申し立てたが、拒否された。

彼は、この損失をトレードで取り返そうとしたが、頭がうまく回っていなかった。自分のシステムを疑ったり、2倍賭けたりし始めたのだ。そこに、自宅の建築費の請求があった。彼は頭金以外の建築費をまだ支払っていなかった。結局、彼は預金と家を失った。

アダムは転落を止めることができなかった。家族も同じだった。彼は自分が利するためのウソをつき、情報を隠すようになった。最後に連絡があったとき、彼は私からかなりの金額をだまし取り、姿を消した。それ以来、彼とは会っていない。

残念ながら、このような話はいくらでもある。ロンドンで働いていたとき、上司の電話で出張を切り上げて帰ったこともある。顧客がFXのトレードで75万ポンドを失い、会社の受付で泣き叫んでいたからだ。このことを妻に知られるのが怖くて帰宅できないという。彼は私の上司に、トレードで取り返すから資金を貸してほしいと懇願していた。

ここまで読むと、彼にはトレードするための精神力が欠けていたのだと思うかもしれない。尊厳も何もない人物だと下に見るかもしれない。実は彼がロンドンの一流病院の有名な外科医だと言ったら、どう思うだろうか。

トレード業界では学歴はあまり意味がない。どこで勉強し、どんな仕事についているかも関係ない。負けトレードに対応して、勝ち

トレードもうまく処理できなければ、あまり先へは進めないということだ。

　テクニカル分析よりも自己分析に時間を割くように勧めているのはそのためだ。

　トレードの成功は、単に良い生活ができることだと考えることもできる。あるとき、フルタイムでトレードしている親しい友人から電話があった。彼はトレードを始めて15年、ほかの夢見る人たちとは違って、トレードで良い生活を送っていた。

　トレードでいくら稼いだかを話すトレーダーは多くない。しかし、この友人はこの話題になったとき、シティの上級管理職くらいは稼いでいると教えてくれた。ただ、彼は通勤する必要がないし、子供が学校から帰ってきたときに迎えることができる。

　私にとって、この友人はトレードがうまくいっている例と言える。彼は大金持ちになったわけではないが、生活費を賄い、家族に食べさせ、休暇には旅行に連れて行き、家族で乗れる車を所有している。

　トレードを、莫大な財産を築くための挑戦のように表現する傾向がある。もちろん、その可能性はあるが、大きなリワードには大きなリスクがついてくる。浅い海で大きな魚を捕ることはできないのだ。

　彼があるとき、長時間のトレードに疲れて私に電話してきた。そして、永遠と画面を見つめていてもう嫌だと思ったことはないのかと聞いた。

　私は即答した。「ないよ。でも、もし君がそう感じるならば、トレードを一時的にやめてみるべきだ」。私たちはそのあとしばらくおしゃべりしてから電話を切った。

　彼の家では子供たちも大きくなり、父親よりも友人たちと過ごし

たがっているし、妻はフルタイムで働いている。つまり、彼は朝から夕方まで家で1人で過ごすことが最近気になっているという。

私はいくつかの仕事を紹介し、彼はロンドンでブローカーの仕事に就いた。市場を深く理解し、トレードする顧客の気持ちもよく分かるからだ。

他愛もない話である。きっとなぜこの友人の話をしているのかと思っただろう。理由はいくつかある。

1つ目の理由は、トレードは寂しい仕事だと感じる人もいるということだ。私は気になったことがないが、そう感じる人の気持ちもよく分かる。私は社交的ではないし、飲酒も喫煙もせず、サッカーにも興味がないし（多くの男性グループに参加しない理由になる）、むしろ1人でいるのが好きだ。ただ、そんな私でも時には友人に電話をしておしゃべりしたいときもある。

私がシティで働いていたときは、上司が気さくな人だったので、ときどき彼の部屋の入り口で立ち話をしていた。フルタイムのトレーダーになると、同僚と雑談することがなくなり、少し寂しく感じるかもしれない。

そこで独りで仕事をするとどういう精神状態になるかを知りたければ、退職届を出す前に1～2週間休暇をとって、フルタイムでトレードしてみることを勧める。そうすれば、フルタイムトレーダーの生活がどのような感じか経験することができる。

友人の話をした2つ目の理由は、一時的にトレードをやめてもそれで終わりではないということを伝えたいからだ。市場はいつもそこにある。

私の友人も、きっとまたフルタイムのトレーダーに戻るに違いない。しかしそれまでの間、彼はほかの人たちがトレードで目標を達

成する手助けをするという新しい生活を楽しんでいる。

　3つ目の理由は、もちろんあなたがトレードで成功することを祈っているが、夢見た結果にならない場合もあることを理解しておくのも重要だからだ。ただ、絶対に是が非でも成功しなければならないのだろうか。

　トレードの魅力は、良い収入を得ること以外に、自分に合った働き方ができたり、ものすごく面白いことができたりすることにもある。バルバドスのビーチに別荘を持たなくてもよいのではないだろうか。

　もちろん、それができれば素晴らしいと思うし、誇ってよい。しかし、もしそこまでいかなくても、給料を得ているときと同じくらいの生活費を支払い、楽しいことに使えるお金があれば、それは99％の人たちができないことを達成していることになる。

　99％の人たちは、夢に挑戦しようともしない。もしトレードで生活できるならば、普通の人のレベルの生活でも、大金持ちのような生活でも、それは普通のことではない。

　トレードは理解が深まると、最適な動きができるようになり、そこからが本当に楽しくなるという私の言葉を信じてほしい。

　8カ月前の5月に、私には苦しい時期があった。最初は順調だったが、そのあと歯車が狂い始めた。月初からの利益は20万ポンドに達していたが、少しずつ減っていた。

　始まりは3万3000ポンドの損失だった。私は悪い日があってもたいていは翌日に取り返すが、このときはさらに9000ポンドを失った。そして、やっと週末になった。

　週末、私はあらゆる準備と自分を振り返ってみたにもかかわらず、月曜日は金曜日の終値から始まり、私はさらに3万8000ポンドを失

った。そして、その週の終わりには、月の利益の50％以上を失っていた。

　このときさらに気になったのは、私が完全に自分を見失っていたことだった。自分が負けている理由はまったく分からなかった。疲れていたわけではない。眠れなかったわけでもない。集中をそぐような精神的な問題もなかった。ただパフォーマンスが上がらなかった。

　辛い時期は前にもあった。進歩が遅い時期もある。挫折はいつものことだ。挫折はどんなときでも突然やってくる。私の目標は、もうこれ以上市場に精神力のすべてをつぎ込みたくないと思うまで、トレードを続けることである。

　もう分かったと思うが、これは非常に個人的な道のりだ。自分が何の進歩も遂げていない気がして精神的に消耗することも多い。そして何よりも気分が落ち込むのは、親しい友人で無名だが優れた個人トレーダーが素晴らしい利益を上げているときだ。

　私たちは残酷なまでに本音で付き合ってきた。強い友情があるからだ。だから率直に言う。「君が羨ましい。親友にそんなことを思うのは嫌な気分だ。最後の１ドルは君にあげるつもりだけれど、今はそれもない。お金がどんどん出て行っているんだ」

　私が巨大なポジションを持っていることは伝えてあった。FTSE指数先物400枚というのは私にとってこれまでで最大のポジションだった。１ポイントは4000ポンドの価値がある。私はこのFTSE指数が下がると確信していた。

　このパターンはこれまで何回も見てきた。寄り付きで大きく下げ、５分足で２〜３本反発したあと新安値を付けるのだ。

　しかし、この日はそうはならなかった。上昇したのだ。そして、

友人は買っていた。私は売っていた。これはものすごい痛みをもたらした。私は、嫉妬と腹立たしさと絶望という感じたくもない境地に達していた。

「トム、あなたはラッキーよ」というガールフレンドの声で私の思考は中断した。まるで自分の考えていることを見透かされているようだった。「だれもが自分よりも優れたライバルがいて、相手を倒すために夜通し考えたりしているわけではないわ。みんながモーツァルトとサリエリのような関係ではないのよ。あなたは幸せよ。負けたけど、得たものもあるでしょう。彼だってあなたと同じように感じているはずよ。彼だって何としてでもあなたを負かしたい。そうやってあなたたちはお互い最高の力を引き出しているのよ」

「前に大学時代のピール教授について話したわよね。優れた人だったわ。なぜ彼が優れていたのか分かるかしら。同僚で親友のカイル教授がいたからよ。2人はお互いに嫉妬していたことなどまったく知らなかったけど、2人ともすごく優秀で、みんな、彼らから教わりたいと思っていたわ。あなたも負けたくない相手がいることがいかに恵まれているか認めるべきよ。これは呪いではなく、恵みなのよ。もしあこがれの人がトレードをやめたら、どうなってしまうか、考えてみて」

もし彼がやめてしまったら、私はだれを倒せばいいのだろうか。私は常に自分の過去のスコアを更新することを目指し、今日も大きく超えた。しかし、彼女の言うとおりだった。私はただお金を稼ぐためにトレードしているわけではない。私はトレードによって快適ではないところまで自分自身を追い込みたいと思っている。

あるとき、私はポルトクリストのレストランで、息子と夕食をとっていた。ふと振り返ると、ラファエル・ナダルが友人たちと遅め

の夕食をとっていた。世界的なテニス選手が友人と楽しそうにおしゃべりしているのを見るのはうれしかった。

それから2～3日して、私たちは彼のテニススクールを訪れた。ナダルは練習中だった。この日は灼熱の暑さだったが、彼はまるで命がかかっているような勢いで練習をしていた。彼はもっとうまくなるために、猛暑のなか全力で取り組んでいた。

なぜ、彼はそこまでしていたのだろうか。それはマシュー・マコノヒーと同じ理由だろう。マコノヒーは2014年にアカデミー賞主演男優賞を受賞したときのスピーチでこう言っている。「私には毎日必要としていることが3つある。1つ目は尊敬する何か、2つ目は目指す何か、3つ目は追いかける何か、だ」

これを書いているのは、自分の動機を披露することは健全だと思うからだ。金融トレーダーの仕事をしていると、いつかスランプになることがある。そうなったときに、一歩引いてなぜこれほどトレードという戦いに魅了されるのかをよく考えてみることが役に立つかもしれない。

もしスランプになったときは、このページを見返してほしい。そして、自分がなぜそれをしているのか思い出してくれればうれしい。

私がスランプから学んだのは、いったんペースを落とすということだ。いったん落ち着いて知識を成熟させないと、大きな損失を被ることになり、自信が傷つく。

すべてのトレードがワールドカップの決勝ではない。すべての取引時間が、大学で4年間必死で学んだあとの卒業がかかった最後の期末試験ではない。

だれでも挫折はする。コービー・ブライアントでも、ラファエル・ナダルでも、ロジャー・フェデラーでも、あなたでも、私でも挫折

はする。

　そして、スランプは必ず終わる。

　スランプは避けることができない。弱気に賭けたら市場は上がり、強気に賭けたら市場が下がることもある。そんなことはだれにでも起こる。すべての人にしょっちゅう起こるのだ。

　スランプを逃れる方法はあるのだろうか。ない。

　なぜ、私は使い古された決まり文句を書く必要があるのだろうか。なぜ、冷静に取り組めばよいと言う必要があるのだろうか。なぜ、私は苦しいことでもやり続ければ終わるとは書かないのだろうか。

　私はこの章を数週間かけて執筆した。書き始めたときはスランプではなかったが、そのあと前述のことが起こった。しかし、これを書いている今朝は素晴らしいトレードができた。スランプを抜けたのだろうか。それはだれにも分からない。スランプになったとき、いつもと違うことをした覚えはない。

　私はただいつものプロセスに従っている。私はプロセスを重視するトレーダーである。結果は市場が決めることで、私がコントロールできることではない。しかし、私には信念がある。そして、それを信じている。自分が決めたプロセスさえ守っていれば、トレードの浮き沈みを超えて生き延びることができると。

第9章
失敗を受け入れる
Embracing Failure

　故マーク・ダグラスは、トレードの成功はリスクを受け入れ、違う考え方ができるかどうかにかかっていると言った。

　マーケットの魔術師のエド・スィコータも同じことを言っている。「負けているトレーダーが勝つトレーダーに変わるためにできることはあまりない。負けているトレーダーは自分を変えようとはしない。勝っているトレーダーはそれをしている」

　私は初めてこの言葉を読んだとき、まだ未熟でその重要さが理解できなかった。しかし、自分のためにトレードを始めると、その深さと英知がよく分かるようになった。

　そして、トレードサイズが大きくなっていくと、少額を賭けることから高額を賭けるようになるまでの道のりは、進化の結果ではないことに気づいた。もちろんトレード回数が増えれば上達はしたが、練習で完璧になるわけではないことも覚えておいてほしい。ただ、練習をすれば続けていくことはできる。向上したければ自分の間違いを見つけることに注力して、ひたむきに練習するしかない。それをしなければ、利益を生まない行動のほうを強めていくことになる。

別人に生まれ変わる

　不安や恐れは未知の状況を反映している。しかし、リスクイクスポージャーを通して私たちの心は何回も何回も新しい現実を受け入れ、その状況に慣れていく。

　あるとき突然1ポイント当たり10ポンドだったトレードを100ポンドでできるようになると思っていないだろうか。あるいは、何かの本を読んだり、講習会に行ったり、薬を飲んだりすれば、平凡なトレーダーから高額を賭けるトレーダーに変われると思っていないだろうか。

　それは難しい。ただ、進歩を速める方法はもちろんある。これは優先順位の問題だ。私はガチガチの修道士のように、人生を捨て、冷たくて暗い隅っこで感情を殺し、恐怖を感じないサイコパスのようになるまで不確実性と踊り続けるつもりはない。

　ただ、私はトレードに全力で取り組んでいる。自分の弱さを見つけだしたい。私の心と体はある程度同調しているが、気をつけていないとすぐに自己破壊的な行動に出ることも分かっている。

　私は愛する人と別れた辛さから逃れるため、食べ物とアルコールに走った。だれでもそういうときはある。ブリジット・ジョーンズだって、ずっと好きだった人に捨てられてバケツのようなアイスクリームを一気食いしていた（私は映画好きだ）。

　ただ、それでも前に進む。ソファーから抜け出し、テレビを消し、アイスクリームをゴミ箱に投げ込んで宣言する。「確かに私は間違えた。それは認める」

　失敗についてどう感じるかは、その人の成長だけでなく、人生のほぼすべての局面を大きく左右する。本書をいったん置いて、その

ことについて少し考えてみるのもよいかもしれない。これは深く考えるとかなり怖いことでもある。

　トレーダーとしての成功の大部分は、失敗とどう付き合うかにかかわっている。もし失敗をゲームの終わりだととらえているならば、トレーダーとして成功することはできない。私の周りにも、３連敗したらトレードをやめるという同僚がいた。それはどういう姿勢だろうか。バスケットボール界の絶対的スーパースターのコービー・ブライアントが、このような姿勢でいると思えるだろうか。試合中に３回ミスしたら、自ら進んで監督に選手交代を申し出るのだろうか。

コービー・ブライアントの最大の失敗

　コービー・ブライアントと言えば、彼が悲劇的な事故で亡くなったあと、新聞で読んだ彼のエピソードを紹介したい。

　あの事故のあと、ほとんどの追悼記事は彼の驚異的な成績や、獲得した賞について書いていたが、ガーディアン紙のアンディー・ブルの視点は違った。

　記事の見出しがその内容をよく表している。「ブライアントのサクセスストーリーは失敗の恐怖を克服することから始まった」

　偉大な選手になるためには失敗の恐怖を克服しなければならないことを、ブライアントは直感的に知っていたようだ。記事は、1997年５月の試合にさかのぼる。これは、ブライアントのロサンゼルス・レイカーズにおける最初のシーズンだった。ルーキーだった彼は５分で深刻なミスを４つも犯し、それがこの試合の敗因になったとも言われた。

その夜、ブライアントは1人きりで夜が明けるまでシュートの練習を続けた。少し美化しすぎているとか、旧約聖書のダビデとゴリアテのようだと感じた人もいるかもしれない。しかし、この話には見た目以上の意味があった。

これは、表面的には試合で打ちのめされたブライアントが、罰として一晩中練習していたという話だ。しかし、私には毎晩挑戦することで、失敗の恐怖に立ち向かった人物の話に聞こえる。彼は、一時的な失敗に慣れ、挑戦を続けた。

ブルはこの記事を次のようにまとめている。「ブライアンのミスショットは史上最多に上ったが、彼はすべての試合で失敗に向き合った」

間違うことの恐怖に正面から向き合ったアメリカの偉人の話はほかにもある。野球選手のベーブ・ルースのホームランの記録は何十年も破られなかったが、その一方で、彼は「三振王」とも呼ばれていた。意味が分からない人のために説明すると、ホームランは素晴らしいことで、三振はその逆で褒められたものではない。

この話は、負けトレードをなくすためのシステムや戦略を探している世界中のトレーダーの共感を呼ぶと思う。

この原稿を執筆しているのは2020年6月1日で、静かな1日になっている。5月のトレード記録を見ると、利益は1513ポイントだった。ちなみに、執行した137回のトレードのうち、負けが66、勝ちが53、トントンが18だった（トントンは仕掛けたところに損切りを動かしたトレード）。

もしこの成績を勝率95％以上などといった極端な勝率を謳うトレードシステムなどと比べれば、悲惨なものかもしれない。私の5月の勝率は50％を切っている。

　それでも、私は妥当なリターンを上げた。それをどう説明したら
よいのだろうか。答えは、勝ちトレードが多いほど良いトレーダー
だという間違った考えにある。これは単純に間違っている。

　トレードの世界では「利食っていれば破綻はしない」という有名
な言葉があるが、これはまったく間違っている。利益を伸ばすこと
ができなければ、トレードで稼ぐことはできない。バスケットボー
ルとトレードはこの点が違うが、もし負けを恐れていたら、大きな
利益を上げる月は来ないだろう。

統計には整合性がない

　90％のトレーダーが負けていることは分かっている。2万5000人
のFXトレーダーを対象とした調査で、勝ちトレードのほうが負け
トレードよりも多かったことも分かっている。しかし、これではつ
じつまが合わない。この2つの事実をどう整合させればよいのだろ
うか。

　答えは、コービー・ブライアントのエピソードの行間を読めば分
かる。もし負けポジションを抱えているならば、そのトレードは基
本的に間違っている。シュートをした瞬間に成否が分かるバスケッ
トボールと違い、トレードの場合は負けていても、いつかは順行す
るという希望がある。

　その種の希望は、トレーダーに損切りすべきタイミングよりもは
るかに長くポジションを保有させる。「希望は最後まで死なない」
という格言は本当にそのとおりなのだが、トレーダーにとっては本
当に有害である。しかし、トレードにおいて希望と恐怖にどう対処
すればよいのだろうか。

227

私は、トレードしているときは希望しか感じないようにしている。ポジションがうまくいくことを望み、市場が順行することを望む。

　ただ、恐怖を感じる状況のほうが多い。トレード中も感じることがある。ただ、トレードしていないときも感じる。これは、希望と恐怖のささいだが重要な違いと言える。

　希望はトレードしているときに持続する傾向があるが、恐怖はトレードしているときでも、トレードしていないときでも出てくる。市場が私抜きで進んでしまうのではないかという恐怖や、手仕舞うのが早すぎたのではないかという恐怖もあり、これらは後悔に分類することもできる。

　私のトレード管理方法については本書の最後に書くつもりだが、先に簡単に紹介しておく。

　私はトレード中の恐怖に、手仕舞い戦略を準備することで対処している。損切りは損失を明確にできる。私はこの損失を受け入れることを、その日のトレードが始まる前に決めている。これは、私のトレード計画の一部になっている。

　メンタル面の準備も朝、トレードが始まる前に行っている。これからやろうとしていることを静かに熟考する。心のなかで負けている自分をイメージしたあと、心を落ち着かせ、かなりの損失に見舞われても、不安や後悔の感情や、反転させてトントンにしたいという感情を追い払う。

　一方、希望には、損切りに達したら手仕舞うルールを受け入れることで対処している。勝つかもしれないし、勝たないかもしれないが、その日のトレードが始まる前に心の練習をしておく。仕掛けたあと市場が逆行するのを見て、恐怖の脳と、それが意識に送る衝動をコントロールする練習だ。

　こうして、取引時間が始まるまでに私はすでに勝ちも負けも、増し玉も、正しいセットアップを忍耐強く待つことも頭のなかで経験している。つまり、取引が開始するころにはウォームアップも終わり、失敗しても冷静さを失わない準備ができているのだ。

競争心の強い息子

　私は、能力の高い兵士の人生に興味を引かれている。SAS（英特殊空挺部隊）やネービーシールズ（米海軍特殊部隊）の選考や訓練について読むのも大好きだ。実は、これは息子との共通の趣味で、特に彼らが行うフリーダイビングに魅了されている。

　エリート兵士が乗り越えなくてはならない試験の1つに、50メートルのフリーダイブ（酸素ボンベなしの潜水）がある。水中で50メートル進めるようになるための近道はあるだろうか。

　46メートル潜水した人によれば、近道はない。私も休日に息子と一緒に何回も練習したことがある。たまたま泊まっていたホテルに50メートルのプールがあった。

　息子も私も競争心が強い。最初は息子が挑戦し、半分弱のところまで潜った。これで私の目標が定まり、私はほぼ半分の線まで行った。ほんの5センチ程度だが、私の勝ちだった。

　次に、どうすれば距離を伸ばせるか話し合い、事前の準備に注力する必要があるという結論に達した。そこで私たちはプールの脇で空気を吸い込み、体に酸素を蓄えることに集中した。

　私たちは少しずつ距離を伸ばしていった。そして、力を抜いて泳げば酸素の消費量も減ることに気づいた。そこで、周期的なストロークで静かに泳ぐように変えていった。

休暇の７日間で、私は50メートルにあと２〜３ストロークというところまで達した。息子は私よりも２〜３メートルうしろまで行った。ネービーシールズを目指す兵士にとって、このテストは大きな壁の１つになっている。息子や私がシールズの候補になれるとは思わないが、過酷な練習なしに50メートルも潜水することはできない。

　私たちは挑戦し、プロセスを評価したが、結果はまったく気にしていなかった。ただ、プロセスが最大限効率的になるよう全力を尽くした。どこかで聞いたことがあるフレーズではないだろうか。もし１日の利益目標をX（金額でもピップスでもポイントでもよい）などとしていると、大きな利益を得るチャンスを自分でつぶしているのかもしれない。それは結果を重視しているからである。結果よりもプロセスを重視するように変えれば、メリットはより大きくなる。

第10章
うまく負けた人が勝つ

Best Loser Wins

　そろそろ具体的なことを書こう。この問題をずっと避けていることもできるが、決心して自分の手で細かく調整したトレードマインドを作っていくこともできる。

　どのような人生を送るかは、自分の決断とその決断をどう実行するかにかかっている。

　2005年、スティーブ・ジョブズはスタンフォード大学の卒業式でスピーチを行い、人生をどう生きるかについてアドバイスをした。

　　自分もいつか死ぬことを思い出すことが、何かを失うことを恐れる思考の落とし穴を避けるための最善策だと思う。あなたたちはすでに裸なのだ。自分の心に従わない理由などない。

　お金がかかっていると、すべきことを実行できる人はあまりいない。自分が望む人生の障害となるのは主に恐怖だ。多くの人は、成長の過程で痛みと不安を避けるために設定した境界線のなかで安全に歩もうとしている。

　私は良いトレーダーになるための秘訣は何かとよく聞かれる。多

くの新米トレーダーは、私がトレードの素晴らしいセットアップを知っていると思っているようだ。これはまったく間違っているわけではない。私は素晴らしいセットアップを持っている。ただ、これらは良くて70％程度の成功率しかない。つまり、私は100回中30回は間違うのだ。

　私がトレードの世界で今の位置にいるのがIQ（知能指数）が高いからではないことはっきりしている。私が成功しているのは、痛みとうまく付き合っているからだ。

　私たちの脳は、自分にとって価値が高いものを失うことを嫌う。そのため、脳は価値があるものが失われそうになると、合理的な思考をやめてひどい判断を下そうとする。

　私はトレードで利益を上げている。それは、チャートを読む能力が特別に高いからだろうか。もちろん違う。優秀なチャートアナリストでもうまくトレードできない人はたくさんいる。

　それでは、私は優れたシステムを持っているからだろうか。違う。優れたシステムはたくさんあるが、どれも勝率は60％程度にすぎない。

　それでは、高い地位についている友人がいて、インサイダー情報をくれるからだろうか。違う。本書をここまで読んでくれば、私が社交的でないことは分かるだろうし、高い地位にいる友人もいない。

　私には秘密もないし、特別の能力もないが、１つだけ特別なことがあるかもしれない。私はなぜトレードがうまいのか、知りたくはないだろうか。

　私は負け方が特別にうまい。金融市場で投機をするときは、うまく負けた人が勝つ。この言葉を軽く見てはならない。

　人生や現代社会の基準でプログラムされた条件とは違うかもしれ

ないが、金融市場で成功するために必要なのは、最高になったり、1位になったり、勝ったりすることではない。

そうではなく、重要なのはその負け方なのだ。恐怖や逆境との付き合い方が、人生を大きく左右するのである。

私が勝っている理由はそこにある。私は負けるのがとてもうまい。人生と違い、トレードは負け方がうまい人が勝つ。歯科医や医師の成功率が60％ならば、仕事を続けられるだろうか。もちろん無理だろう。しかし、トレーダーの場合はこの程度の成功率でも正しい準備さえしていれば、目標を達成し、大きな利益を得ることができる。ただ、ほとんどの人はそれができないのだ。

多くの人は何かに突き動かされている……

トレードは、トレーダーに向かない多くの人を引き付ける。彼らは、トレードなど簡単だと思わされている。証券会社がその気にさせたのかもしれない。コマーシャルで、株価のモニターを前にして俳優が演じる冷静で自信に満ちた人物が得意げにキーボードを押し、勝ち誇った笑みを浮かべて立ち去っていくような場面を見たことがあると思う。

トレード業界を見渡すと、多くの人はツールさえあればよいと思わされている。しかし、待ってほしい。もし私がフェデラーが使っていたウィルソンプロスタッフのラケットを持っていれば、彼のようにプレーできるだろうか。

それは幻想でしかない。なぜ分かるのか。それは私が何年もロンドンの大手金融ブローカーで働いていたインサイダーだからだ。

なぜ、それほど多くの人が負けているのだろうか。統計的に言え

ば、それほど多くの人が負けることはあり得ない。もし市場がランダムならば（ほとんどの場合はランダムだ）、なぜ90％の人たちが50：50の賭けに常に負けているのだろうか。

　答えは単純でもあり、複雑でもある。市場が彼らを負かしているのではない。彼らは単に自滅しているのだ。私もずっと成功していたわけではない。マニュアルもなく、教訓は試練のあとにしか得ることができないこのビジネスで成功するために、私は大多数の敗者と少数の勝者を分けるバリアを打ち破る必要があった。

　ブローカーとして働いていたころ、私はすぐに顧客のトレード行動に気づいた。トレード全体で見ると、彼らの行動は予想できる。もっと正確に言うと、多くの人が同じ行動をするため、結果を予想できるのである。

　私は何千人ものトレーダーが何百万回ものトレードを執行するのを見てきた。彼らは意識でつながっているかのように同じ行動をするため、そのトレードは予測ができる。何週間も、何カ月も、何年も、彼らは市場が損失をいつか取り返してくれると期待し、利益を市場が取り上げてしまうと恐れていた。

　彼らは期待すべきときに恐れ、恐れるべきときに期待する。

　このような普通の人間の行動を知ることが、私の成功を助けてくれた。彼らが苦しむのを見て、彼らが探し求めているところが間違っていることに気づいた。

　彼らが必死で探し求めている答えは、自身の外にはない。ソフトウェアやツールにもない。そうではなく、答えは自分のなかにあるということに私は気づいた。

頭を切り替える

　早朝の静けさのなか、私は自分の仕事部屋でその日のトレードの準備をする。ここには最低限のものしか置いていない。仕事をする場所にもよるが、モニターが2つから4つあるだけだ。特殊な画面や水冷式のパソコンも持っていない。

　私の秘密の道具は、ハードディスクに入っているいくつかのファイルだ。1つの画面にはパワーポイントのプレゼンテーション、もう1つにはワードで作った文書が表示されている。

　パワーポイントの画面は私の合図になっている。トレードを始める前に、私は別人になる必要がある。映画「グラディエーター」で、マキシマス・デシマス・メリディアスはなぜ戦いの前に手に泥を塗るのだろうか。

　これはルーティンなのだ。

　戦いの前には免疫を付け、何も感じない死の道具になり、破壊されない自分になることで、明日まで生き伸びることができる。

　手に泥を塗ることは、以前の自分を捨て去るルーティンになっている。私も毎日午前5時から夜9時、時には深夜まで、自分と闘っている。トレードは自分との闘いなのである。

　パワーポイントのファイルには、その日のトレードに備える目的で、私の昔のトレードや間違いや勝ちやひらめきや警告が視覚的に並べてある。

　私は別人にならなければ、利益を上げることができない。トレードが外からは単純に見えるが、そうではない理由はそこにある。トレードで成功するためには、体中のほぼすべてのDNAに逆らって行動しなければならないからだ。

1960年代に、神経科学者のポール・マクリーンは人間の脳は三層構造になっていると発表した。爬虫類脳（大脳基底核）と哺乳類脳（大脳辺縁系）と人間脳（新皮質）だ。

　トレードしているときは、このなかのどれが支配しているのだろうか。

　実は、哺乳類脳、つまり本能的な脳が私を支配している。ぎょっとして反応し、お腹や腰が震えるような感じがするのは、哺乳類脳で生き延びるための闘争・逃走反応が起こっているからなのである。

　逃げるのか、それとも戦うのか。無意識の哺乳類脳には、自分を守るというたった１つの機能しかない。この本能は自分が望む望まないにかかわらず働いている。

　実は問題はそこにある。トレードで成功したければ、負けるのがうまくならなければならない。つまり、これは脳に組み込まれた無意識の防御機構に常に矛盾することを意味している。

　原始時代に先祖を死から守ってくれた脳の機構が備わった私たちは、それを克服しないかぎりトレーダーとして成功することはできない。そして、克服するためにはまず、痛みを受け入れなければならない。

　朝、私が行っている訓練のなかに、目を閉じてシナリオを思い浮かべるというのがある。例えば、自分が多額の資金を失う状態を想像する。自分にとって大きな金額としては、前に所有していた車の価格や、息子の大学の授業料や、記憶に残っている大きな損失などを思い浮かべる。

　例えば、７万8000ポンド失ったシナリオを考えてみよう。自分がその資金を失った状態を想像し、それを意識下に置いて定着させる。そして、この損失のせいで買えなかったものをできるだけ鮮明に思

い浮かべる。

次は逆のシナリオで、私は同じ金額だけ勝っている。しかし、7万8000ポンドの含み益があっても、感情の反応機構は以前に感じた苦しみほどの喜びを感じない。

神経生物学の研究で、人はある金額を失った場合、同じ金額を得た場合よりも2.5倍大きな痛みを感じることが分かっている。私は、痛みを感じ、喜びを感じないシナリオを体験したあと、再び損失の感情を想像する。

この訓練は、利益や損失の感情に慣れるために行っている。実際には、何も感じないようになりたい。私は、勝ちを過度に喜ぶと、損失を過度に悲しむようになることが分かっているため、そうならないようにしている。

私は99.99％成功しなければならない歯科医ではなく、勝率がたった50％で満足するトレーダーなので、1日に何回も喜びや痛みを感じていたら消耗してしまう。そのため、感情のジェットコースターに振り回されるよりも、何も感じないほうがよい。

勝ったら次に進む。

負けても次に進む。

この姿勢を身に付け、無意識をウォームアップすることで、私は自分の戦略に影響を与えることなく、毎日勝ちトレードや負けトレードに対処していくことができている。

人生には避けることができない痛みもある。だれかに失望させられれば、痛みを感じる。だれかに傷つけられたら、感情や身体に痛みを感じる。

トレード以外の人生では、だれかに話すことで痛みを軽くできる場合もある。諺にもあるように、「悩みは分かち合えば、半分になる」。

辛い経験を友人に話すと、心が軽くなる理由は分からない。もしかしたら、失望を言葉にすることで、問題をより健全な視点でとらえることができるからかもしれない。

いずれにしても、気分が良くなり、痛みは小さくなる。

しかし、トレードをしているときは、ほとんどの人が痛みから逃れようとするなかで、私はその逆を行く。私は痛みに向き合い、痛みを受け入れ、だれかと共有しようとは思わない。私はこの痛みを自分で抱える必要がある。

トレードや投機を始めたばかりの人でも、長年の経験がある人でも、次の質問について考えてみてほしい。90％の人が失敗する分野で成功したければ、どのようなアプローチをとるべきだろうか。

トレードは外からは簡単に見えるが、多くの人が思う何倍も難しい。私たちの脳にはトレードですべきことと逆の行動が生まれつき組み込まれているからだ。90％の人が負けている理由はそこにある。

トレードにおける安定性と成功と啓発への道は、思ってもみなかったところから始まる。それが自分自身の内面である。

カギとなるもの

というわけで、次は成功への扉を開けるカギについて考えていこう。自分が望む人生と、自分が今向かっている人生の間にあるバリアを壊すカギだ。

90％の人が失敗している試みに成功したいならば、2つの選択肢がある。90％の人たちについて調べ、彼らの逆をするか、残りの10％のまねをすればよい。

もし自分が望むような成功を収めていないならば、いずれどこか

で行動を変える必要がある。うまくいかなかった期間が３カ月でも30年でも、思いのほか成功に近づいているのかもしれない。

90％の人が失敗しているのは、哺乳類脳が自動的に送ってくる痛みのメッセージを修正しないままに受け取っているからだ。

成功したければ、痛みを感じたときに脳のメッセージを修正することを覚える必要がある。成功している10％のトレーダーは、反応して逃げるのではなく、踏みとどまって危険に向かっていく。

10％の人たちが成功しているのは、スイッチの切り替えを学んでいるからだ。

スイッチを切り替える

これは不快なことではあるが、金融市場で成功したければ、それを受け入れ、利用するしかない。トレードが簡単に見えても、本当はそうではない理由はそこにある。

逆説的だが、トレードは90％の人ができないことをすれば、成功できる。つまり、私は不快になると分かってトレードしている。トレードが不安をもたらすことを知っている。むしろ、それを待っている。

これまで書いたことをまとめると次のようになる。

1．自分が間違っていると想定する――正しいと証明されるまでは
2．不快になると分かっている
3．自分が正しいときは増し玉する
4．自分が間違っているときはけっして増し玉しない

自分が間違っていると想定する

　何千人ものトレーダーが何百万ものトレードを執行するのを見てきたなかで、私はほとんどのトレーダーが自分は正しいと思って仕掛けていることに気づいた。90％の人が失敗するビジネスにおいては、プロセスの修正はスイッチを切り替えることから始まる。

　負けトレードは急いで損切りをしなければならない。このとき、私が確信しているのは、もっと良いセットアップを選択する自分の能力ではない。しかし、90％の人はそれを信じている。

　そうではなく、私が確信しているのは、うまくいっていないトレードは損切りをすることである。私はこのトレードがうまくいかなくても、近いうちに別のチャンスがあることが分かっている自分を信じている。

　私が思考のスイッチを切り替えたのが分かっただろうか。私は90％の人と違う考え方をしている。私は、市場が正しいと示すまで、自分が間違っていると想定している。

　スイッチを切り替えるのだ。

　90％の人がトレードを執行するとき、彼らは脳の痛みの領域がもたらす感情を経験する。そうなると、感情がもたらす痛覚閾値が誤ったシグナルを送って負けに導くのは時間の問題だ。こうして、失望と損失と痛みのジェットコースターが永遠に続いていく。

　私がトレードするとき、私は自分が間違っていると想定する。仕掛けたあと順行したとしても、利益の大きさと市場とは関係ないことを理解しているので、資金量や可能な利益ではなく、市場を見てトレードしている。

　私は、自分の損益が市場に何の影響も及ぼさないことを知ってい

る。また、私の脳の疼痛受容体が自動的に作動して、組み込まれた安全反射が痛みを感知することも知っている。

私にも、多くの人と同じように自動的に作動する疼痛受容体が組み込まれているが、違いは痛みの対処の仕方にある。私は、痛みに負けたり、感情反応に支配されたりすることなく、スイッチを切り替えることができる。訓練によって痛みを予想することができるようになったからだ。

私も痛みは知っている。そこにあるし、現実だが、私はそれを受け入れている。私は訓練で繰り返し痛みに直面しているため、それはもう私の人生を弱体化させる力ではなくなった。私は恐怖に左右されずに意思決定ができるように自分を訓練してきた。

不快になると分かっている

どうすれば、不快なのに気分良く過ごせるのだろうか。理論的に考えれば不可能である。しかし、人はだれでも努力することで元気が出てくる。私たちは庭仕事をしたり、運動したり、試験勉強をしたりするとき、苦しくても挑戦の過程を楽しむことは十分可能だと思う。トレードで含み益が増えていくと、私はそれが奪われる恐怖に負けることなく、心のウォームアップや訓練やトレンド日に市場が上がり続けることを視覚化した資料を見て頭に叩き込んで、スイッチを切り替えている。

私はネガティブなイメージをポジティブなイメージへと心のスイッチを切り替えることができる。私は目の前の巨大モメンタムの波に乗っている自分を想像する。ティックが上がるごとに最前線にいる自分を想像する。

90％の人たちは自分が避けたいことに集中している。しかし、私は自分が達成したいことに集中している。90％の人たちは恐怖に負ける。私はたくさんの恐怖に見舞われることが分かっているため、それに対抗するための計画を持っている。私は彼らとは違うイメージを抱いているのだ。

　しかし、負けているときの私はどうしているのだろうか。

　私はすでに負けることも分かっているため、自分のトレードと市場が合っていなくても、痛みや恐怖は起こらない。私は負けを予想し、すでに受け入れているのだから。

　私は負けポジションに増し玉して、間違いを拡大するという発想は歓迎しない。訓練によってこの発想はもう私のなかにない。私の頭は、正しいときにはポジションを大きくし、間違ったときにはポジションを小さくしたいということが分かっている。

　感情はトレード口座を破壊する。大きく勝つことができないのは、知識が足りないからではない。トレード中の自分自身への対処の仕方を知らないからである。

　私は多くのトレーダーが資金を失うのを10年間見てきた。彼らは知性的で、たいていは勝率も高かったが、負けるのがうまくなかった。

　ここまで読んできた人は、たった１つ覚えておけばよい。トレードは人生と違い、うまく負けた人が勝つ。

第11章
理想的な考え方

The Ideal Mindset

　トレーダーとしての理想的な考え方がある。それは、極端に柔軟に考えることだ。勝ちにこだわらず、負けにもこだわらない。この心配のない状態が、大きな利益を形成するために機能する。

　トレードの理想的な考え方とは、恐れないことだ。この言葉が気になったら、いったん立ち止まろう。理想の考え方とは恐れないことで、それが大きな利益形成のために機能する。つまり、恐れてはならないが、無謀であってもならない。

　恐怖は、トレードで負ける人たちにとって重要な役割を果たしている。この場合、恐怖は市場に参加しないで良い動きを見逃す恐怖もあれば、市場に長く参加しすぎて含み益が消えていく恐怖もある。

　理想の考え方を身に付けることはできるだろうか。イエスだ。間違いなくできる。そのためには、あなたは成長しなければならない。十分に自分を見つめる時期を過ごし、自分自身を理解しなければならない。トレーダーとして自分自身を知る方法についてはこのあと書く。

　トレーダーの理想的な考え方は存在するし、そう考えたり、信じたりする状態になれるよう訓練することもできる。そして、その状

態に到達したら、市場の情報を恐れたりおびえたりしないで受け止められるようになる。

　ただ、そうなればもう負けないのだろうか。ノーだ。多くのトレーダーと同じように負けトレードはある。ただ、トレーダーの理想的な考え方ができるようになれば、負けトレードでも勝ちトレードと同じくらい平穏な心でいられる。勝ちトレードでも負けトレードでも脅威を感じることなく、感情的にならないで冷静に市場の情報を受け取ることができる。あなたの感情はいつもバランスを保った状態を維持できるようになる。

　トレーダーはだれでもゾーンに入り、理想的な考え方がもたらす静かな感覚の心地良さを経験したことがあるだろう。これはたいてい、特定の状況のときに起こる。私自身は、休暇中にトレードしているとき、この静かな感覚を経験することが多い。

　なかでもよく覚えていることがある。私は14日間の休暇をとって、毎日別荘でトレードしていた。私は完全に心穏やかな状態で、市場が本当に語りかけてきたときだけトレードしていた。そうでないときは、プールで泳いだり、日光浴をしたりしてくつろいでいた。

　休暇を終えて取引所の仕事に戻ると、上司が来て「絶好調だね」と言って拍手した。しかし、それから14日後、私は休暇中の利益をすべて市場に返すことになった。このときのことを鮮明に覚えているのは、私がトレーダーとして深く考えるきっかけの１つになったからだった。

組み込まれているDNA

　トレーダーにとって理想的な考え方は存在するが、それが常にで

きている人はあまりいない。理想的な考え方を持ってトレードをしていないとき、私たちは何かを恐れている。この恐怖は、信頼がないことを表している。自分が躊躇せず、無条件で、内面の葛藤や反論なしにすべきことができると信頼できていないのだ。

　問題は私たちの考え方にある。私たちの考え方の中心にあるのは、生き延びることと痛みを避けることである。私たちの脳は、生き延びるための最善の方法を考えるようにできている。この思考パターンはDNAに組み込まれている。それによって私たちは生き延びるかもしれないが、それがトレードを難しくしている。

　私たちを生き延びさせるように脳に組み込まれた思考方法は、それを無視する方法を学ばないかぎり、トレードを非常に難しくする。

　私たちが直面している問題は主に2つある。

1．意識するしないにかかわらず、私たちは今の瞬間と別の瞬間を関連付ける
2．私たちの脳には痛みを避けることが組み込まれている

　私たちは、経験を生かすために関連付けを学んでいる。関連付け（過去の瞬間と今の瞬間を結びつけること）と痛みを避けることは、トレードとは相いれない。

　なぜこの話をしているのだろうか。なぜ、関連付けと痛みを避けることが、トレードで利益を上げる妨げになるのだろうか。それは、トレードではそれぞれの瞬間が独立しており、それ以前に起こったことは関係がないからだ。トレードはコイン投げとほぼ同じである。私を含む多くのプロのトレーダーの勝率は50：50に近いため、コイン投げの例えは思いのほか適している。

コインの表か裏かを当てるとき、おそらく結果をあまり気にしないだろう。しかし、長期的に見れば結果はかなり予想できる。勝ちが50％、負けも50％になるからだ。もし負けたときに1単位失い、勝ったときに1.5単位得られるシステムを開発できれば、かなり良いビジネスになる。

　トレードも、さまざまな点で似たようなことが言える。トレードシステムは1回のトレード結果でシステムを評価するのではなく、多くのトレード結果で評価しないと意味がない。コイン投げも100回投げた結果は50：50でも、途中経路の表と裏の出方にはかなり偏りがある。友人のデビッド・ポールがコイン投げのシナリオについてこう言っていた。「1回1回の結果はランダムでも、100回の結果には規則性がある」

　私もコインを100回投げて結果を記録したことがある。このとき、15回続けて表が出たことがあった。途中でコインに欠陥がないかよく見たが、なかった。もしトレードで負けが15回続いたら、精神的に追いつめられるだろう。しかし、もし勝ちが15回続いたら、無敵のような気分になるだろう。

　マーケットはマーケットが動きたいように動く。あなたのことやあなたのポジションのことなど考えていない。あなたが市場に参加しているかどうかも気にしていない。あなたが15回連続で勝っても気にしないし、15回連続で負けても市場には関係ない。

　それに、トレードで負けたから勝ちに近づいているわけでもない。その考えは、まさにしてはならないこととして学んでほしい。トレードはすべての瞬間が独立している。15回連続して表が出ても、16回目に表が出る確率が下がるわけではない。16回目もやはり50：50なのである。

　なぜだろうか。１回１回の結果はまったくランダムだからだ。別の言い方をすれば、すべての瞬間が独立している。しかし、回数が増えれば、平均の法則が効いてくる。100回投げれば、50回は表で50回は裏になるのだ。

　ただ、そのことが頭で分かっていて、理論的に理解できていても、感情的には理解できていない可能性が高い。特に15回連続で勝ったり負けたりしたときはそうだろう。そのときに、訓練された脳と訓練されていない脳には違いが出る。これから訓練された脳に近づく方法を説明していく。そうすれば、恐怖に負けない心を手に入れることができる。

情報を受け取る

　情報は、それ自体はだれにも影響を及ぼさない。情報の説得力は、私たちの信念体系と、私たちがその情報に与えるエネルギーによって決まる。もし知らない人からｅメールで「あなたは死んでいる（You are a dead man）」というメッセージを受け取った場合と「Du er en dod mand」というメッセージを受け取った場合の感情的な反応はかなり違うものになる。

　メッセージの内容は同じでも、一方は英語で、一方はデンマーク語で書かれている。この文章は、文字を組み合わせただけのものだが、脳はそれを解読すると、そこに感情を乗せる。すると、文章には意味がなくても、解釈の仕方によってその文章が感情的な反応を引き起こす。

　市場の情報を、チャンスという観点のみで見ることができる脳を想像してほしい。情報におびえることはない。「神よ、なぜ私はこ

の動きに乗っていないのだろうか」などとは考えない。「なぜ、この動きに乗ってしまったのか」とも考えない。ただ情報を受け取り、チャンスかどうかという観点のみで判断を下す。脅威は感じない。

　市場では毎日、ティックが上がったり下がったりしてパターンを形成し、私たちはそれを見てトレードしている。この上下するティック自体に意味はない。しかし、もしポジションを持っていると、それぞれのティックが意味を持つ。ティックがあなたを勇気づけたり意気消沈させたりする。しかし、そのようなトレードはしたくない。それは理想的な考え方ではない。

関心のあるものに目を向ける

　私たちは関心のあるものに目を向ける傾向がある。私が何かをそう信じれば、それは私にとって真実となる。私たちは恐怖に直面すると、その対象に目が行き、避けようとする。

　あるものに目を向けるようになった結果、その関連情報を探してしまう簡単な例を紹介しよう。あなたは新車を買ったと思ってほしい。黄色いフォルクスワーゲンのザ・ビートルである。この車を運転していると、ほかのフォルクスワーゲン・ザ・ビートルにすぐ目が行くようになる。これまでそんなことはなかったのに、あなたの脳のフィルターが開いて、ビートルの情報を意識に入れるようになったためだ。

　私たちは関心のあるものに目を向ける。ポジションを持っているトレーダーは、順行している価格の動き（ティック）に注目する。痛みを鎮めて喜びを与えてくれるからだ。一方、逆行する動きは痛みをもたらす。

　当たり前のことを書いていると思うかもしれないが、そのとおりだ。ただ、言いたいのは当たり前のことではなく、この状態の脳はほかの可能性には開かれていないということである。私たちは恐怖を経験するほど目を向ける情報が減っていく。そうなると、視野が狭くなり、別の選択肢を探すのをやめてしまう。

　私はリアルタイムでトレードを公開するチャンネルを運営している。公開でトレードするとき、私がもっとも誇れるシナリオは、市場を読み違えてもそれを受け入れ、ポジションを切り替えることができたときだ。例えば、ダウ平均を売ったあとに市場が逆行したとする。私は自分が間違っていたことを受け入れ、このポジションを損切りしてから買いのポジションを仕掛ける。

　大きなサイズでトレードしているときにこれをするのは、相当な自信を必要とする。このような状況では、自説を復唱することが私を助けてくれる。「プロセスに集中しろ。自分でコントロールできることに集中しろ」。私は、このような柔軟性を促してくれる信念体系を構築した。

　このような考え方は、あなたにもできる。私はトレードを始めるとき、恐れないで情報を受け入れる状態にしておきたい。それが理想的な考え方だ。そうなるには時間がかかるが、その努力に直接的に見合う恩恵を受けることができる。ある日、突然できるようにはならないが、少しずつ向上していくことは期待できる。

信念

　信念は、情報に対する反応の仕方を決める。私たちは白紙の状態で生まれ、教えられたことや受け入れたことが自分の信念になる。

私たちは何を考えるべきか教わる。また、経験したことも信念を形作っていく。

　個人的な話をしよう。私は子供のころに母と父に見捨てられたように感じた。両親は離婚し、彼らは私のことで口論した。今になると、それが私の信念を形作ったと感じるし、それが私の人生の選択やこれまで下した判断に影響を及ぼしている。自分の運命を自分で変えることができる年齢になるとすぐ、私はできるかぎり貯金をした。いたたまれない環境を捨て、母国を離れるためだ。

　それがトレードと何の関係があるのだろうか。トレードは、自分を表現する無限の可能性がある。トレード口座を開設すれば始めることができる。あなた自身が事業主だ。ルールもないし、制限もない。やりたいようにできる。親の影響や指導を受けることもない。世界はあなたの思うままになる。やりたいことをやりたいときに自由にできる。

　私たちはルールに縛られたくない。大人になったばかりのころはルールを課そうとする親に反抗する人が多い。しかし、トレードにはルールがない。残念ながら、その結果はかなり驚くべきものだった。自由な意思で行動しているトレーダーの90％が、失敗につながる信念体系を持っているからだ。

　トレードで大きく成功するためには、トレードルールの下で束縛されていると感じることなくトレードする必要がある。私たちはそもそも完全な自由を望んでトレードしている。そこで、必要となるのが、常に自分にとって最善の行動ができる考え方を持つことである。これは、チャンスに目を向ける考え方とも言える。自分の弱みや注意すべき点を知ったうえで、情報をおびえることなく受け入れることができる考え方でもある。

　それがあれば、怖がらないでトレードできる。私は、トレードで怖がらない状態になるための青写真を作った。そして、自分のトレードに対する信念を変えた。それが、本書で一番伝えたいことだ。自分の考え方、特に負けトレードに対する考え方を変えるということだ。そのために、私の考え方を伝え、教えたい。

　古い考え方はまだ残っている。ずっとあなたの頭のなかにある。それはDNAによってもたらされた性格の一部だからだ。ただ、色あせ、使い古された古い信念にはもう支配されない。もちろん、古い信念に別れを告げても、それが記憶から消えるわけではない。

　少し子供じみた例を挙げよう。私たちは子供のころサンタクロースを信じていた。良い子にしていれば、サンタクロースが来てプレゼントをくれると信じていた。ただ、サンタクロースが実在しないと知っても、それで悩むことはない。だまされたという感情はほとんどない。サンタクロースがいなくても、人生が悪くなるわけではない。私は、古いトレードの信念についても同じように思っている。何かを失ったわけではないし、新しい考え方でうまくいっている。以前は、食後のタバコは欠かせないと思っていた。しかし、今では自分がタバコを吸うことなど想像もできない。毎日食事はしても、タバコを吸いたいとは思わない。以前は欠かせなかったものなのに、今ではその状態が信じられない。自分の脳をプログラムし直すのには１週間強かかった。私が作った理想的なトレードの考え方の青写真を使えば、あなたも同じことができる。

　私がトレードのために克服しなければならなかった最大の信念は、損失に直面したときに連想することだった。私は、損失が出ても心を平穏に保つために、失敗した感覚や市場に復讐したいという気持ちを生じさせないようにする必要があった。そして、それができる

ようになると、トレードのパフォーマンスは大幅に改善した。

真実の書

　正しい考え方を形成する具体的な話に移ろう。前置きが長くなったが、そろそろ本題の具体的な方法である。

　あるとき、次のようなサインを見た。「難所を登ったあとに最高の眺めがある」。諺は複雑なメッセージを単純に伝えることはできるが、その方法は教えてくれない。

　どうすればその山を登ることができるのだろうか。「ただやればいい」と言うのは、悪気はなくても難しい山を登るための意味ある説明とは言えない。同様に、「利を伸ばせ」「損を切れ」というのも、トレードの高い目標を達成するための意味ある指針とは言い難い。

　トレードを始めたとき、私は適切な資格を持っていると思っていた。紙の上では学業優秀で、うまくいくはずだった。しかし、感情面ではほかの多くの人と同じだった。最初は利益が上がらなかった。正確に言えば、十分な利益が出せていなかった。負け日の損失のほうが勝ち日の利益よりも大きかったからだ。勝ち日のほうが負け日よりも多かったが、負け日で大きく後退するため、普通の仕事を探したほうがマシだった。

　私はチャート以外に必要なものがあるとは思いもしなかった。その場にいて、トレードして、またチャートを勉強した。それだけでよいと思っていた。うまくいかなければ、努力が足らないだけだと思っていた。

　しかし、自分の内面を見ることはなかった。あるとき、私は本書冒頭で触れた調査資料を読んだ。2万5000人が執行した4300万回の

トレードに関するもので、自分は彼らと同じことをやっていると思った。彼らは自分が利益を上げられると思っているが、実際にはだれもそれができていなかった。

これを読んだとき、私はトレードを総合的に考えるようになった。それまでの私はテクニックのことばかり考えていた。また、テクニカル分析については多いほうがよいと考えていた。しかし、自分が望む結果は得られなかった。

私は考え方と自分の信念について考えるようになった。そして何よりも、自分の信念がより良いトレーダーになる助けになっているのかどうかと考え始めた。その時点ではなっていなかった。

信念がその人の世界を作る。世界をどう見るかは、何を信じるかによって決まる。信念のなかには簡単に分かるものもある。例えば、私は環境に気を配るべきだと思っているため、リサイクルを心掛けている。これは簡単な例だ。それでは、信念はどのようにトレードのパフォーマンスを形成しているのだろうか。そもそも自分のトレードの信念を自覚しているだろうか。

あなたのトレードのパフォーマンスは、あなたの信念体系がもたらしており、パフォーマンスを分析することによってのみ、あなたの信念体系を明らかにすることができる。実は、自分のトレードの信念を知る簡単な方法がある。ただ、簡単とは言ったが、大変な作業でもある。

友人がサーフィンが上達したいと思い、人を雇ってサーフィンしているところを２～３時間ビデオ撮影してもらった。彼は、自分がサーフィンしているビデオを見て、自分の問題点を発見した。彼の場合、コアマッスルを強化することと、自分が選んだ波を信じる必要があった。それまでの彼は多くの波に中途半端に乗っていた。

私も彼のまねをして自分のトレードを追体験することで、自分の本当の問題を見つけることにした。そこで、私は自分のトレード結果をExcelのスプレッドシートにダウンロードして分析した。私はこのデータを慎重に調べて分類すると、複数のグループに分類できるデータがたくさんあった。

　トレードのなかには、何日も保有したものもあれば、数秒で手仕舞ったものもあった。朝に執行したトレードもあれば、午後や夜に執行したものもあった。

　私が自分のトレードを分析した結果を見たように、あなたもぜひ自分のトレードについて同じことをしてみてほしい。これは、自分自身がどういう人間で、市場とどうかかわっているのかを理解するために欠かせないステップと言える。それが終わったら、私が「真実の書」と呼んでいるものを作成する。

　このとき、何よりも大事なのは、自分自身に正直になることだ。私もそうした。自分に正直にならないと、安定したトレードという恩恵を得ることはできない。自分に正直になる勇気が、恩恵をもたらすのだ。

　私の分析結果は次のようなものだった。

1．勝率が85％を超える時期があった
2．平均利益は平均損失よりも少なかった
3．私の勝率は高かったが、大きな損失が全体の損益を大きく悪化させていた
4．1日の前半はうまくトレードできていた
5．1週間の最初の3〜4日はうまくトレードできていた
6．午後にトレードすると、午前中の利益のほとんどを失うことが

多かった

7．金曜日にトレードすると、その週の利益のほとんどを失うこと
　が多かった

8．横ばいの日はうまくトレードできていた

9．トレンド日をほぼ必ず逃し、トレンドに反して仕掛けていた

10．最大の損失はトレンドに反して仕掛けたときに出ていた

　自分のパフォーマンスを分析すると、頭のなかが驚くほどすっき
りした。自分の間違いを見直していると、もっと良い自分に生まれ
変わっていく気がして、大きな喜びを感じた。

　さらに私は、時間をかけてすべてのトレードをチャートに書き込
むことにした。そして、すべてのトレードのパフォーマンスを視覚
化したパワーポイントも作った。これが「真実の書」である。

　私はこの過程が、トレードのパフォーマンスを向上させるための
最も有益かつ実践的な訓練だったと思っている。私は、昔も今も毎
日自分の欠点に直面するが、これらの欠点を視覚化して自分に見せ
ている。自分を変えるためには、損失を視覚化して見せることのほ
うが「損切りを置かないでトレードするな」と付箋に書いて画面の
横に貼っておくよりもはるかに強力だと思う。

　私は毎朝トレードを始める前に、このパワーポイントを使ってウ
ォームアップしている。これを見て、自分の強みや、失敗の原因に
なりそうなことを思い出す。この行為は、私が最善の行動をするた
めのプロセスの不可欠な部分になっている。

　昔のトレードや、昔の傷や成功を視覚的に思い出すプロセスを始
めたとき、私は自分が得意なことを繰り返し、悪いところを避けよ
うとする力が湧き上がってくるのを感じた。そして、すぐにトレー

ドのやり方が変わった。目に見えてトレードが向上した。新しい考え方に慣れるのは大変だったが、結果はすぐに出た。利益が増えてきたのだ。

また、前よりもずっと市場を信頼するようになった。市場は毎日利益のチャンスを与えてくれると信じるようになった。おかしく聞こえるかもしれないが、トレード数は減り始め、利益は増え始めた。もちろん1日目から完璧にできたわけではないし、今現在も完璧とは言えない。むしろ、私の信念の1つは、「トレードで完璧を目指さないこと」である。

私が実感した真実に、少ないほうが良いということがある。私の場合、1日のなかでトレードする時間と利益率には明らかな相関性があった。私の午後の利益は午前中には到底及ばない。もし午前中だけトレードしたら、もっと利益が上がるだろうか。統計的にはイエスだ。しかし、私の心がノーと言っている。私は午後もトレードしたかったし、気持ち的にも、あるいは私の信念がすべきだと思っていた。午前中しかトレードしないで、トレーダーを名乗ることはできない。これも試行錯誤の過程だった。

利益が増えたのは、真実の書の直接的なメリットだったが、私はそこで止まらなかった。自分がトレードする動機を真剣に考えた。90％の人がリターンを得られないトレードのような仕事で、多くの人と差別化を図る唯一の方法は、自分の心が最大の友か最大の敵だということを知ることにある。

トレードする前に心の準備をしないで逆境に遭えば、心は最大の目標に反して動く可能性が高い。ちなみに、最大の目的とはお金を稼ぐことではなく、自分が作った計画に従うことだ。そして何よりも重要な目的は、自分のためにデザインしたプロセスに従うことで

ある。そのプロセスに従えば、結果は自然についてくる。

　私は目標値を設定しない。ただ、自分のプロセスに集中する。私はプロセス重視のトレーダーである。目標値を過度に重視することは、それを達成する助けにはならないと思っている。もちろん、勝つことを目指しているが、逆境にさらされると心にストレスがかかる。ストレスには構造とプロセスが必要で、それがないと恐怖や復讐心や渇望に負け、その感情によって判断が左右される。経済的健全性にかかわる判断を、恐れやストレスに基づいて下したい人などいるだろうか。

　心には指針がいる。アメリカンフットボールのある監督について読んだことがある。彼は、ハーフタイムのブレイクで選手の想像を掻き立てるための話をする。あるとき、チームは前半に大きく負けていた。監督はハーフタイムにロッカールームで用意していた特別のビデオを見せた。それは、歴史に残る最高の逆転劇の場面を集めたものだった。

　このビデオの目的は、ストレス状態に風穴を開けることだった。ビデオは選手たちに、何が可能かをイメージさせた。正しい動機と、プロセスに集中することと、今の瞬間を意識することと、プロセスを信じて正しいチャンスを待つことで、選手たちの頭はストレスから逆転の準備ができた状態に切り替わったのである。

　繰り返しになるが、私のトレード人生はトレーディングフロアで何千人ものトレーダーの日々のトレードを観察することから始まった。午前中で遅れを取っていた人たちは自分自身を救うメンタルツールを持っていなかったため、時間の経過とともにますます深みにはまっていったに違いない。

古い自分を捨て去る

　映画「グラディエーター」で、マキシマス・デシマス・メリディアスが戦いに向かう前のルーティンとして手に泥を塗る場面を覚えているだろうか。心の準備の象徴であるこの行為をすることで、彼は古い自分を捨て去っているのだろうか。実は、私も古い自分を捨て去った。私も、トレードをする日は別の自分になる。シカゴの伝説の債券トレーダーだったチャーリー・ディフランチェスカは、良いトレードは普通の人の直感の逆を行くと言っている。成功するためには、不快な状態に慣れる必要がある。

　トレードは自分との戦いだ。私は毎朝、自分の皮を脱ぎ捨てて別の自分になる。真実の書は自分が変わるためのカギとなる。そうすることで、古い行動パターンよりもうまくやりたいという欲が湧く。もし私がこのメンタルゲームに集中するために、毎日自分の過去の行動に向き合うことをしなければ、今の私になっていないことは間違いない。

　トレード日誌を見ると、これが事実であることが分かる。私がトレードで新しい自分になろうとしたきっかけは、以前の仕事部屋のキャビネットを整理したことだった。そのとき、トレード日の様子を詳しく記した古いトレード日誌が出てきた。10年に及ぶ日誌を読んでみると、自分がトレードがうまくいくように必死になっていたことが分かった。

　当時の私は、「毎日負けトレードに増し玉しない」「月曜から木曜日はうまくいっても金曜日にすべて失うようなことをしない」「1つのセットアップでトレードしていく」など、さまざまなことを自分に誓っていた。

　幾多の試練をつづったページをめくっていくうちに、私は自分が本当に痛みを感じているのに、何も変わっていないことに気づいた。毎日同じミスを繰り返し、テクニカル分析を専門家の領域に入るほど極めていたにもかかわらず、ストレスを受けると同じ間違いを何度も重ねていた。

　前にも書いたとおり、私は突然、生まれ変わったわけではない。変化はゆっくりと起こった。チャートの勉強を重ねても、達成したい目標に大きく前進していないことに、私は少しずつ気づいていた。以前の私は、チャートに没頭することで本当の問題、つまり計画どおりに行かないときの自分の行動から目をそらしていた。プロセスに集中して、ストレスなくトレードするためのツールを手に入れる代わりに、損失を取り返そうとして愚かなトレードを繰り返していた。お金を失った苦しみから逃れたいあまり、無謀にも市場のあらゆる動きを追いかけて、ますます深みにはまっていくだけだった。

　真実の書は、自分の欠点に目の前で向き合う時間を与えてくれた。これによって、自分の欠点に気づいた。その一方で、自分の良いトレードをチャートに描き込むことも始めた。避けたい行動を思い出すだけでなく、自分が目指したい行動も自覚する必要があると思ったからだ。

　毎朝、トレード前のウォームアップで、私は昔のトレードを描き入れたチャートを見る。こうして当時のトレードを感情的に追体験すると、自分の良かった行動を強化し、弱点を思い出すことができる。

例

　2022年3月4日は、極めてボラティリティが高い日だった。同僚がブレント原油が急騰していると教えてくれ、チャート（**図表11.1**）を見た私は、「本当だ」と思った。

　私は、この10分足チャートの最初の下げで買った。トレンドに合わせてトレードしているのだから問題はない。しかし、このトレードを見返してみると、この瞬間、私は感情的に安定した状態でトレードしていなかったことに気づいた。私は別のトレーダーの意見のみに基づいて、この動きに飛び乗ったからだ。

　つまり、私はよく考えもしないで買った。損切りもあまり考えずに適当に置いた（**図表11.2**）。

　これが真実の書の力だ。私はこのようなトレードを思い出したい。朝、トレードが始まる前に、トム・ホウガードというトレーダーは、興奮してアドレナリンとドーパミンが脳にあふれているときではなく、冷静なときに最もうまくトレードできるということを自分に思い出させたい。

　また、トレード画面で自分の含み損を抱えたポジションを見ると、ほかのトレーダー（尊敬するトレーダーだった）の感情に巻き込まれたが、私は彼ではなく、私だということを思い出すことができる。私はこのトレードを損切りし、そして冷静になって考えた。私は、しっかりした計画もセットアップもないまま衝動的なトレードをしてしまった。損失よりも、急に衝動的になって深く考えずに行動したことに腹が立った。30秒考えれば、結果は大きく変わっていたかもしれない。

　私は自分を落ち着かせ、チャートを詳しく分析してより良い仕掛

図表11.1

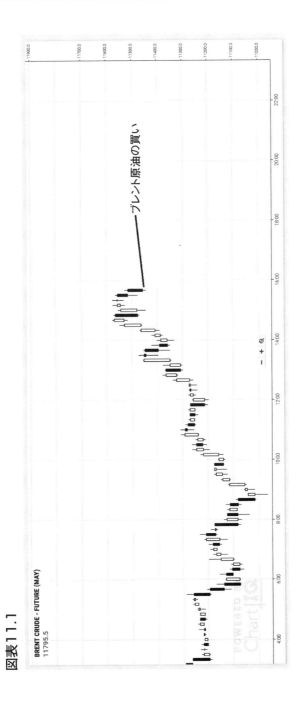

BRENT CRUDE - FUTURE (MAY)
11795.5

ブレント原油の買い

図表11.2

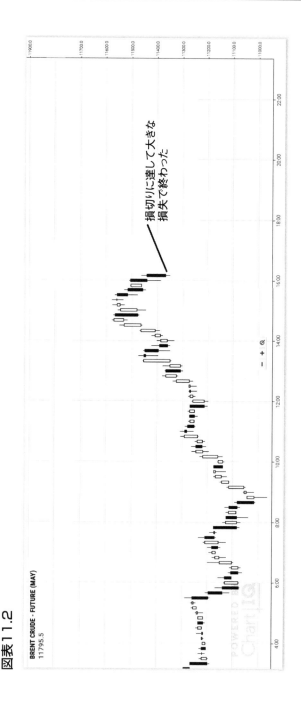

図表11.3

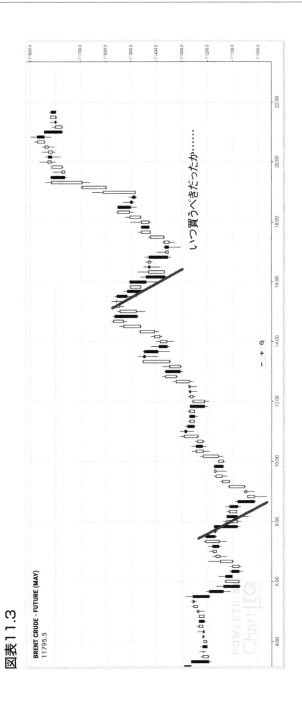

BRENT CRUDE - FUTURE (MAY)
11795.5

いつ買うべきだったか……

けポイントを探すため、自分のプロセス、つまり自分にとってうまくいくツールを使って**図表11.3**のパターンを見つけた。この時点では1日の終わりに近く、1週間の長いトレードを終えて気持ちはもう夜にくつろぐことに向いていた。私はブレント原油を買った。

セットアップは単純なハーモニックパターンだった。最初の下げと次の下げが同じになっている。正確な仕掛けポイントが分かるので、リスクもコントロールしやすい。

自分がうまくできることも思い出したい。自分が冷静でないときにやりがちなことも思い出したい。これらのことを取引時間が始まる前にやっておきたい。自分が完璧になれないことは分かっている。時には友人の成功談を聞いて金曜の午後にブレント原油を買うなどといったバカなトレードをすることもある。それでも、自分は新しいデータが明らかになれば、自己修正できるミサイルのように行動できると思いたいし、心の準備をしておけば間違いを早めに修正できると思いたい。

信頼

自分のトレードを見直すと、自分自身も市場も信頼していなかったことが明らかになった。トレードで利益を上げるためには信頼が欠かせない。起こることを信じられないならば、そもそも始めるべきではない。信頼しなければ、利益は得られない。つまり、トレードを再開する前に、自分と市場に対する信念を確認しておく必要がある。

私は、信念には2つあると思っている。

自分を信じること

　自分はトレードで生活するためのツールをすべて持っていると信じる必要がある。もちろん、そのためにはテクニカル分析やそれ以外のエッジで、ある程度のレベルに達していなければならない。

　私も、常に変化している市場への理解を深めるため、テクニカル分析の勉強を続けている。ただ、利益をもたらしているのはテクニカル分析ではなく、自分が安定的に稼ぐためのスキルをすべて身に付けていると信じることなのである。

　私が初期のころに利益を上げることができなかったのは、テクニカル分析の知識が足りなかったからではない。当時の私はテクニカル分析さえあれば十分だと思っていたが、それはまったくの間違いだった。

　当時の私は、テクニカル分析だけに時間と能力を注いでいた。しかし、それは集中すべきところが間違っていた。私は感情面の向上に時間を割いていなかったため、当時はテクニカルのレベルに感情のレベルが見合っていなかった。

　自分が必要なものはすべて持っていると信じる必要がある。そうでなければ、達成するための知識と実際の成果の溝を埋めることはできない。自分を信じることは、行動することでできるようになる。そのことについては少しあとで書く。

市場を信じること

　2つ目は市場を信じることである。私は朝、仕事に向かうとき、寄り付きで完璧なセットアップが現れたらよいと思っているが、そ

んなことはめったにない。

　私は主に5分足と10分足チャートを使っている。通常は10時間以上トレードするため、その間に120本の5分足を見ることになる。

　トレードのパフォーマンスを見直した結果、私は市場が利益を上げるためのチャンスを与えてくれると信じていなかったことに気づいた。信じないことで自分を弱体化させていた。

　私は10年間、頻繁にトレードしていたいくつかの銘柄のトレードデータを見直すことで、その考えが間違っていたことを証明しようとした。このときから、私はパターンを見つけるためではなく、自分にとってうまくいくセットアップが毎日繰り返し現れることを証明するために、テクニカル分析の勉強を始めた。

　そして、いくつかの新しい信念を持つようになった。市場は毎日、利益チャンスをくれると信じるようになった。5分足のローソク足チャートで、少なくとも2～3回は素晴らしい仕掛けポイントがあると信じるようになった。

　市場は、完璧な仕掛けポイント（例えば、長い時間枠の下降トレンドにおけるダブルトップなどの継続シグナル）を与えてくれると信じるようになった。結局、私は過去のデータを調べたことで新しい信念を構築した。理想的なセットアップを待つことで、十分生活できると信じ込めるようになった。

　ただ、理想的なセットアップが、私の時間枠で私がトレードしたいときに、現れるとは限らない。そのため、私には信念以上の何かが必要だった。

　市場で仕事をしていくためには、信頼が欠かせないが、それだけでは十分ではない。行動の別の部分にも取り組まなければならない。私は午後のトレードが始まる前に消耗してしまうことがよくあり、

週の後半になると疲れ果ててしまうことも多かった。それが退屈や忍耐のなさにつながり、愚かな判断を下すことにもなっていた。

忍耐

私は忍耐のなさが自分の弱点だと気づいた。しかし、忍耐にもいろいろある。例えば、子供に読み書きを教えている母親は、多少焦りを感じるかもしれないが、どの子もいずれ読めるようになると、自分に言い聞かせるかもしれない。

親が感じる焦りは、最終目標に達するまでの時間が見通せるようになると、軽減するかもしれない。学びを続けさせれば、子供はいずれ基本的な読み書きができるようになることは分かっている。子供たちが少しずつスキルを身に付けていくのを忍耐強く見守っていけばよい。

子育ての忍耐がトレードに直接応用できるのは間違いない。ただ、親として子供が読み書きできるようになるまで忍耐強く待てと自分に言い聞かせることはできるが、トレードでは自分が狙った仕掛けポイントになるまで忍耐強く待てとは言えない。その価格には到達しないかもしれないからだ。

そのため、トレーダーは親にはない感情を経験することになる。自分が仕掛けないうちに市場が動いてしまうのではないか、市場が動きに乗るチャンスを与えてくれないのではないかといった恐怖だ。そのため、正しい訓練をしておかないと、恐怖による衝動で行動してしまうことになる。

もし私がすべてのデータを見直さなければ、正しいセットアップができるまで待つという判断を信じることはできなかった。私のプ

267

ロセスが徹底したものだということは認めるが、この準備は金銭的に大きな恩恵をもたらした。

　私がロンドンのトレーディングフロアで10年間、顧客のトレードを観察し続けてきた結果、彼らの最大の欠陥は、トレンドに乗るにはもう遅いと考えることにあると分かった。彼らは、トレンド日には常にその日の高値や安値を探そうとするのが一般的であった。

　そして、それをした日は大きな損失を被っていた。もし市場が上昇していれば、彼らは何もしないか、売るところを探した。市場が下落しているときは、何もしない人もいたが、それよりもその日の安値で買おうとする人のほうが多かった。

　多くの個人トレーダーがこのような行動をとっていることを考えると、人々の考え方には欠陥があり、それによってトレンドに逆行する仕掛けをしたくなるという結論に達した。これは、前に書いたとおり、安いものを探すスーパーマーケット的思考である。

　このような行動がよく見られるもう１つの理由は、売られ過ぎや買われ過ぎといったテクニカルの指標が多用されていることにある。しかしこれらの指標は、市場にトレンドがあるときはひどい結果をもたらしている。

　私は、忍耐は悲惨な失敗とマーケットの魔術師を分けるスキルだと思っている。ここでスキルという言葉を使っているのは、忍耐は強くできるものだと思っているからだ。

　私は、トレードの忍耐を２つの方法で鍛えた。どちらも実用的な方法だが、その応用方法はかなり違う。１つは積極的な練習で、もう１つは反射的な練習である。

情報の裾野を広げる

　積極的な練習は、情報の裾野を拡大するという考えから発展した。私は毎晩、その日のトレードの記憶が新しいうちにチャートを印刷している。例えば、DAX指数とFTSE指数の5分足チャートと10分足チャートを印刷する。

　2つの時間枠で印刷するのは、全体像を見るためだ。私は、5分足チャートを使っていると、トレードしすぎになることが分かっている。しかし、10分足も合わせて使うと、判断過程を遅らせることができる。時間的展望を遅らせることは、忍耐を強化することにもつながる。10分足チャートで見ると、5分足チャートのみを見ていた場合よりも状況が明確に分かる。

　ただ、忍耐は簡単に身に付く資質ではない。私は50歳代だが、私の人生を通して、世界はせっかちな人たちに迎合してきた。私が子供のころは、日曜日はすべての店が閉まっていたため、日曜日に牛乳がなくなると月曜の朝まで待たなければならなかった。

　昔を懐かしむような言い方になってしまったが、誤解しないでほしい。私は技術の進歩は素晴らしいと思っている。生活が進歩し、たくさんの素晴らしいものも生まれている。ただ、その一方で人類はせっかちになった。

　トレードの道を歩み始めるときは、ぜひそのことを思い出してほしい。少し前に、私はナビンダー・サラオというトレーダーについて読んだ。彼の名は、悪名高い2010年のフラッシュクラッシュと同義語のようになっている。リアム・ヴォーン著『フラッシュ・クラッシュ』（KADOKAWA）によると、サラオの主なスキルは集中と忍耐だった。サラオはじゃまをされないように、同僚のトレーダー

とも距離を置いていた。集中と忍耐を行使するためには、静かな環境が必要だった。

　私は、毎日チャートを印刷していると、市場が常に良いトレードをするためのチャンスを与えてくれるという信念が植え付けられるのを感じる。また、この行為は私にとって市場の新しい動きを発見し、継続して心を鍛え、パターンを見つける目を養ってくれることでもある。私は、目には見るために訓練したものしか見えていないと信じている。

イメージと呼吸

　2つ目の練習は少し難しい。これは瞑想、視覚イメージなどとも呼ばれている。私は特に名づけていないが、目的は分かっている。心を鎮めることだ。そのときの気分によって、私は次のどれかを使って、自分の心を高額のデイトレードというタスクがこなせる状態に保っている。

　私は、静かに楽な姿勢で座り、自分の呼吸に集中する。息を7秒吸って、11秒吐き、それを繰り返す。回数は関係なく、心が落ち着くまで続ける。5分でできるときもあれば、15分かかるときもある。

　目的は、ただ心を落ち着けることである。呼吸の訓練をすることで、私の集中力はかなり高まった。最初は躊躇していたし、それについて書くことさえ躊躇していた。それが単に最近の流行のような雰囲気もあるからだ。しかし、実際には呼吸によって心を落ち着かせることは、トップアスリートの世界でも広く行われている。F1ドライバーが行っていると読んだこともある。一流アスリートや、私が尊敬する人たちや、ひらめきをもらっている人たちも、内面を

見つめてエッジを向上させていることを知り、私は驚くとともに安心した。

　正直に言うと、私は瞑想やイメージトレーニングを正式に習ったことはない。ただ頭に浮かんだものを信じ、それに従っているだけだ。私のイメージトレーニングは、自分を物理的に危険な状況に置くというもので、目の前にワニがいる状況や、切り立った崖を上っているところや、巨大な波でサーフィンしているところなどをイメージする。手順は簡単で、イメージで心拍数を上げてから、意識的に呼吸に集中し、その状況をそのまま受け入れる。目的は、恐ろしいイメージに直面しても冷静さを保つことである。

　心が落ち着くと、私はブローカーが許可する最大サイズでトレードしている自分を想像する。しかし、市場は逆行し、損益が大きくマイナスに向かうのが見える。心拍数が上がるのを感じ、また心を落ち着かせることに集中する。私はこのプロセスを何回も繰り返す。

　次に、自分がトレンドに乗ってぐんぐん価格が上がっていくところを想像する。利益がどんどん大きくなっていくのが見える。心が利食えと言ってくるのを待つ。私はその声を止めてスイッチを切り替える。心を落ち着け、利益を冷静に見つめる私が見える。トレンドに合わせて含み益がどんどん増えていくのを冷静に眺めることができるまで呼吸を整えることに集中する。目標はただそこにいること、感情をはさまずに市場を観察することにある。目標は、恐怖も希望もそれ以外の感情も排除し、プライスアクションを客観的に観察することなのである。

アスクヘルプ法

　私は、信念が人生を形作っていると思っている。ただ、すべての信念が、自分が望む人生の助けになるわけではないとも思っている。私は、信念があることを受け入れ、自己認識の進化とともに全力でそれに対処している。こうして私は自分の信念に取り組むための逆向きの対処方法を思いついた。

　私は、「見たものを信じる」（百聞は一見にしかず）という諺を逆にして、「信じたものを見る」とした。見る前に信じなければならないという意味だ。私たちが持っている信念は、発育期から私たちを構成する一部として存在し、戦わないかぎりなくなることはない。ただ、戦わないで受け入れるという方法もある。

　私はこのプロセスを「アスクヘルプ法」と呼んでいる。やり方は、何か質問を考え、何も書いていない紙に頭に浮かんだ答えをすべて書いていく。例えば、「下降トレンドがすでに始まっているとき、なぜそれに乗るのが怖いのか」という質問だとする。私は目を閉じて、自分の考えを観察する。答えを探し出すのではなく、ただ心の声を待ってそれを書き出す。

　これは10〜20分程度行う。書き出したことを見ると、まるで精神疾患がある人が書いたような内容で、残酷なほど正直な答えに恐怖を覚えることもある。無意識の考えにはゾッとすることもある。ただ、それを判断せず、ただ受け入れる。

　信念に対処するときは、闘ってもうまくいかない。信念に負のエネルギーを与えても、信念は必至で抵抗してくるだけだ。唯一うまくいくのは、それをすべて受け入れることだ。自分のなかにあるものをそのまま受け入れて理解すると、それにとらわれなくなり、弱

めることができる。しかし、もし「この信念は嫌だ」という態度で
臨むと、信念は強められ定着してしまう。

　例えば、急いで稼がないとならないと思ってトレードすると、朝
一番で動きに乗ろうとする。しかし、この行動はトレード口座にと
って破壊的だという明確な証拠があるので、そう考えるのをやめた
いと思ったとき、私はアスクヘルプ法を使う。まず、最初の考えを
受け入れる。そして、その負のエネルギーを弱めてから正のエネル
ギーと置き換える。新しい考え——例えば、「トレードするかどう
かは最初の10分足が出来上がってから決める」——を強めて置き換
えるのだ。

　残念ながら、信念にはそれを取り除く力はない。そして、すべて
の信念は主張しようとする。しかし、偽りのない心で質問したいと
いう気持ちがあれば、答えは得られる。

　アスクヘルプ法は、答えが１行にまとまると、終わったことが分
かる。自分のためにならなかった信念と向き合って、最も単純な形
に要約したことで、弱めることができたのだ。古い記憶は常に残っ
ているが、その文脈はマイナスからプラスに変わった。

　お金はトレードの理想的な考え方の副産物だということをぜひ覚
えておいてほしい。私はこの作業によって、トレーダーとして最適
な考え方ができることを保証するプロセスを作ろうとしている。良
いトレードの本質は、市場に関する情報をどう考え、どう理解する
かに直接的にかかわっている。そして、それは私たちがどう考え、
人生をどう生きるかに大いに関係がある。

　今日、私は友人と久しぶりに話した。彼とは非常に親しく付き合
っているので、話ができてうれしかった。私は彼の言葉に耳を傾け
た。私たちには２つの耳と１つの口がある。その割合に合わせて聞

くのを重視するとよい。彼は自分のトレードがうまくいっていることを楽しそうに話した。しかし、私は彼の言葉のなかに本心を聞き取った。「トレードサイズを大きくすることに、今もまだ取り組んでいる」

今日、本書の最終章を執筆することが分かっていた私は、彼について長い時間をかけて考えた。友人が初めてトレードサイズを大きくしたいという話をしたのは、2015年だった。現在は2022年だ。彼は7年間もサイズを大きくしたいと言っている。本当はどうしたいのだろうか。彼が言っていることと、達成するために実際にやっていることに矛盾があるのではないだろうか。

私は子供たちに、「しなければならないことをすれば、したいことができる」とよく言っている。私はまた、自分が何をしたいかを、時間をかけてよく考えてから決めるようにとも言っている。もし何かが欲しくても、それについて何も行動を起こさなければ、明らかに意識と無意識の整合性が取れていない。私はそのような状況に陥っているとき、アスクヘルプ法を行って残酷なほど正直な答えを得る。最もよくある答えはこれだ。「口では欲しいと言っているが、本当は欲しくない」

自分が何が欲しいかが分かると、信念体系に負のエネルギーがまとわりついていた人生をリセットできる。心を決める力は、信念体系を取り巻く負のエネルギーをすべて取り除くことができる。多くの人がそれをしたくないことも理解している。だれでも自分のドラマに愛着を持つ。それが自分を正当化し、関心を引くため、自分のドラマにしがみついてしまうのだ。

私が不機嫌だったり怒っていたりイライラしているときも、私は質問を使って逆向きに対処している。問題の原因に向かって考えて

いくのだ。怒りはたいてい自己防御のメカニズムで、その根底にある信念が何かを知る必要がある。そこで私は自分に聞いてみる。

　私は規律が高いとよく言われる。しかし、実はそうではない。規律という言葉はそれ自体が矛盾している。規律を守るには力と意思を使う。しかし、私の行動は自分がやりたいことをやっている結果である。つまり、意思を使わないでやっている。自制力がある人は、自分が自制力があるとは思っていない。彼らはただ自分の夢や目標や欲に合わせて自分を表現しているにすぎない。

　『ザ・シークレット』のようなスピリチュアルな映画を見たり、自己啓発のテープを聞いたりすると、宇宙は何でも与えてくれるメニューであり、望むものは何でも自分で手に入れられるような気分になる。このことは、神経言語プログラミングや引き寄せの法則など、流行の名称が何であれ、自己啓発業界の最も悩ましい側面の1つだと思っている

　私はある会場で、啓発系の講演者が聴衆に不満を大声で叫ばせ、そのあととてつもない金額のセミナーに誘導するのを見たことがある。しかし、私にはこの人物が言っていることが信じられない。どんな人でもそれ相当の努力をしないで、ものすごいことを達成できるとは思えない。私は努力した。私が日々行っているすべてのことは、気概と決意に基づいている。私は才能はないが、かなり努力している。私に天賦の才はないが、決意はある。私は幸運ではないが、粘り強い。

20回のトレード

　友人のデビッド・ポール博士が、トレードのプロセスを強化する

ための練習を教えてくれた。これは単純だが難しい。やることは、シグナルが出たら20回トレードをすることだ。

　シグナルが出るたびにトレードをやるこの練習の目的は、利益を上げることではない。おそらくトントンで終わるだろうがそれでよい。目的は、内面の矛盾と解消されていない感情を払いのけることにある。

　この練習の根底にあるのは、迷わず20のトレードを執行できれば、心配も恐れもない気持ちでトレードできるという考えである。つまり、次のような視点でトレードできる。

1．何でも起こり得る——感情は結果と切り離されている
2．すべての瞬間は独立している——ある瞬間と別の瞬間を関連付けないし、痛みを感じない
3．勝ちトレードと負けトレードはランダムに分散している——結果をコイン投げのときと同じ気持ちで受け入れる
4．利益を上げるために、次に起こることを知る必要はない——プロセスを信じ、自分がコントロールできる唯一の変数であるリスクに集中する

　この練習の目的は、自分の信念にエネルギーを与えることにある。これを、葛藤やまとまらない考えや矛盾するエネルギーに邪魔されることなくできるようになるまでは、マイナスのエネルギーは消えない。

　どうすれば自分が成功したと分かるのだろうか。いつになったら心のなかの矛盾や抵抗なしにトレードできるようになるのだろうか。練習をするときは、結果は重要ではない。これはプロセスの練習だ

からだ。20回トレードする練習を、恐怖も躊躇も過去との連想もなく仕掛け、結果を冷静に受け入れられるようになるまで繰り返してほしい。それができるようになれば、プロセスが身に付いたと言える。

連想しない

　友人から電話があった。彼女がSNS（ソーシャルネットワーキングサービス）に投稿した内容が不評を買い、善意の投稿だったのにひどい暴言に悩まされているという。彼女は助けを求めていた。私は彼女の投稿と大量の中傷的なコメントを読んだ。しかし、私にとってこれらはただの単語だった。エネルギーのない言葉だ。

　私は感情をはさまないでこれらの投稿を読んだあと、彼女にすべきことを伝えた。私が彼女の投稿を読んだときのように、トレーダーは感情をはさまないで自分のトレードに向かわなければならない。それができるようになると、よりうまくトレードできるようになる。この方法に反論する人もいる。ただ、私は自分にとってうまくいく方法として書いているということを思い出してほしい。

　それでは、感情をはさまずにトレードするためにはどうすればよいのだろうか。トレードしているときの感情と自分自身を切り離すにはどうすればよいのだろうか。それができるのが私の練習法だ。おびえることなく市場から情報を受け取ることは、自然にはできない。しかし、自分が何を考え、自分の反応にどう対応し評価するかに取り組んでいけば、トレードを向上させることができると思う。

　私は高速道路を時速300キロで飛ばしたことがある。無謀だったことは分かっている。ただ、その瞬間、私は冷蔵庫に牛乳が残って

いたかとか、朝、歯を磨いたときにフロスをしたかなど、頭になかった。私はその瞬間に集中していた。それこそ私が日々のトレードで目指している状態である。

すべての瞬間は独立している。ただ、これは記憶のないアメーバのように行動しろということではない。ある程度の連携は常にある。しかし、初めてダンスに誘った女の子に断られたとしても、次も断られると決まったわけではない。ただ、私の心はそう思うかもしれないため、その意識上の思考と無意識の信念が対立するかもしれない。

私の合理的な脳は「次の女の子はイエスかもしれない」と言い、私の無意識の脳は私が気づかないところで「そんなことがあるわけない、あきらめろ、彼女は絶対イエスと言わない」と言ってくるかもしれない。しかし、彼女に声を掛ける前に否定してしまうと、意識と無意識の足並みがそろわなくなる。私がトレードでそうなったときは、アスクヘルプ法やイメージトレーニングを使って頭のなかの問題を解決する。

頭のなかのループ

私の訓練は、痛みを受け入れ、それを繰り返すことによって、すでに経験したことのある一部にし、痛みに対する耐性を高めることができる。さらには、期待と実現しなかった期待に対処する方法も訓練する必要がある。

そのためには、日誌を付けたり、イメージトレーニングをしたり、アスクヘルプ法を使って粘り強く努力する必要がある。「それでうまくいくのか」と思う人ももちろんいるだろうが、私には効果があ

ったと思っている。実際、これらのトレーニングは私のトレードを革命的に変えた。2021年9月からこの原稿を執筆している2022年3月まで、約7カ月間、私は負け日が1日もない。

ただ、これは祝うべきことではないし、自慢するために書いているわけでもない。テクニカル面と同じくらい真剣にメンタル面にも取り組むことの重要性を伝えたいだけだ。私のトレードの基盤となっている信念を説明するとすれば、考え方のエコシステム全体がループを形成しているフローチャートに似ている。

市場に対しても、自分自身に対しても私の信頼が、私の忍耐を支えている。私の忍耐（セットアップが必ず現れる）が私に自信を与えてくれる。私の自信（私は勝てる）が、自分との対話を促す。私の自分との対話（トレード中に自分に言い聞かせること）が私のプロセス重視の考え方を支えている。プロセスがその瞬間に集中することを可能にしている。そして、私のメンタルトレーニングがこのループを支えている。さらには、これらのことすべてが養分となってループを維持している。

私はプロセスを重視するトレーダーだ。私は目標を設定すべきではないと思っている。トレード用のモニターに今日（あるいは今月、今年）の目標額を書いた付箋を貼っていないし、金銭的な目標額もピップスやポイントの目標値も設定していない。私は市場がくれるものを受け取る。目標値を目指してトレードすることはない。

結果志向ではなく、プロセスに徹底的に専念することで、私は今に集中している。あなたも今に集中すると、この瞬間や将来の瞬間と過去をつなげて考えずにすむ。あなたは今、ここにいる。

今を大事にすることを、マインドフルネスと呼ぶ人もいる。私は集中と呼んでいる。専念とも呼んでいる。自分が欲しいものを知る

こととも呼んでいる。私は勝ちたい。それがトレードする最大の動機である。ただ、勝ちたいと思っているが、負けることを気にしていない。

勝つことを忘れてプロセスに集中すると、勝つことができる。これは特異な難問で、私は長い間それを信じることも納得することもできなかった。しかし、常に目標に集中していないで、どうやって勝つことができるだろうか。

プロセスがすべてだということを理解するのに私はほぼ10年かかった。ゴールを追ってはならない。もちろん、ゴールが何かは分かっているが、集中するのはプロセスだ。プロセスを信じる。私はこの思考のループを中心として、自分のトレード人生を構築している。ただ、このループはどんな見た目なのだろうか。

私は信頼している。リサーチがその信頼を支えている。信頼が忍耐を支えている。忍耐はメンタルトレーニングに支えられ、それが私の自信を培っている。私の内面の対話は、自信によって支えられたプロセス重視の考え方にあと押しされている。私は、自分がコントロールできること——自分の考え方とリスクのとり方——に集中し、あとは市場に任せる。市場がどう動いても、私の怖がる脳は刺激されない。これこそがトレーニングの成果である。私は市場を恐れない。私が唯一恐れているのは、自分がトレードで何かバカなことをすることだが、自分を信じているからこそ、それも起こらない。

私は、自分がトレードで稼ぐスキルを持っていると信じているし、市場がそのチャンスをくれると信じている。この信念は、自分がトレードする時間帯のチャートを精力的に調べることで育まれ、強くなった。この信頼は、トレードのスキルを磨き続けていくことで、さらに強くなる。

　私の忍耐は、市場と自分自身を信じることから生まれる。私は、信念と忍耐の感情的なつながりを構築した。それによって、忍耐強く待てばセットアップができると信じている。忍耐があれば、私は勝てる。勝つことは、私にとって何よりも重要だ。もし忍耐がなければ私は勝つことができない。私は勝つために何でもするつもりだ。このシグナルを逃しても別のシグナルが出るという信頼があれば、感情的に耐えられないことがあったとしても、乗り越えることができる。

　私の自信は、トレードに対する取り組みを続けていることから来ている。テクニカル分析の勉強もずっと続けている。動きのある市場もあれば、動きのない市場もある。損切りを遠くに置く必要がある市場もあれば、動きが速くて注文を出しておかなければ間に合わない市場もある。市場は常に変化しており、私もそれに合わせて変化していく。

　私の内面の対話は、信頼と忍耐と自信から生まれている。もちろんトレードがうまくいかない日もあるが、私は気にしない。私はこの瞬間に根差し、プロセスに集中している。私ができることはそれだけだ。市場にすべきことを命令することはできない。私は水のように流れていく。市場と一緒に流れていく。市場と戦わず、一緒に流れていく。「ただ流れていけばよい」と自分に言い聞かせて。

　プロセスの背景にあるのはそういうことだ。心地良くトレードすることなど期待していない。もし心地良いならば、それは自分の能力の限界を広げようとはしていないことになる。自分の最大の力を発揮するには、少し不快な状態になる必要がある。例を使って見ていこう。

　Telegram（テレグラム）のチャンネルで公開しているトレード（タ

図表11.4

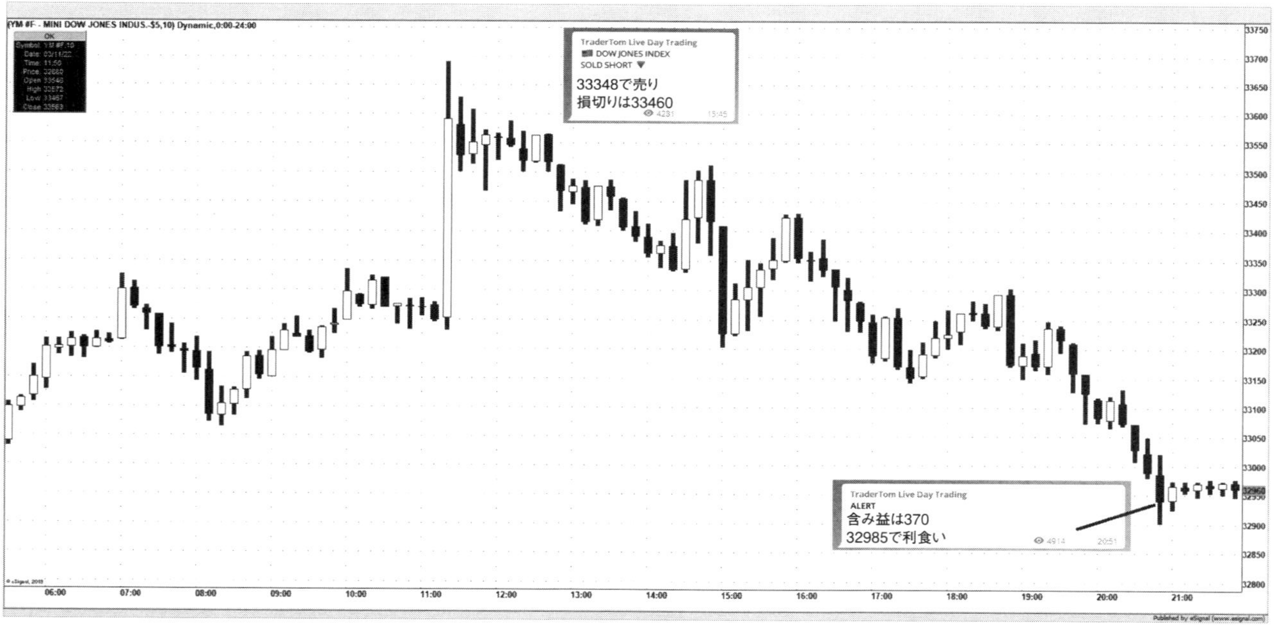

(YM #F - MINI DOW JONES INDUS.-$5,10) Dynamic,0:00-24:00
TraderTom Live Day Trading
DOW JONES INDEX
SOLD SHORT
33348で売り
損切りは33460
15:45
TraderTom Live Day Trading
ALERT
含み益は370
32985で利食い
20:51
33750
33700
33650
33600
33550
33500
33450
33400
33350
33300
33250
33200
33150
33100
33050
33000
32900
32850
32800
06:00
07:00
08:00
09:00
10:00
11:00
12:00
13:00
14:00
15:00
16:00
17:00
18:00
19:00
20:00
21:00
Published by eSignal (www.esignal.com)

イムスタンプで信頼性を確保している）で、ダウ平均を売った。仕掛けポイントは**図表11.4**を見てほしい。最初、市場は逆行していたが、反転して下降トレンドになった。下げていくのを見ながら私の脳が「利食え」と言うのが聞こえた。以前はこの声がもっと大きかったが、今はプロセスに集中しているため、ほとんど聞こえない。私は結果ではなく、プロセスに集中している。

　しかし、ある時点で含み益が200ポイントに達し、価格が前の安値で止まってしまった。しかし、市場がそこで反転して、200ポイントの含み益が消えてしまう可能性を受け入れなければならない。これが不快な状況だ。私はそれを受け入れ、このまま流れに乗ることを決めた。

　私はなぜこのまま乗り続けることにしたのだろうか。それは、自分のことを十分に分かっているからだ。利食ったあと市場がさらに下げ続けたら、ひどい気分になるに違いない。手仕舞ったあとに市場がさらに与え続けてくれているのを見る痛みは、含み益が多少減る痛みよりもはるかに大きい。少なくとも私にとってはそうだ。

　今回はうまくいった。明日はうまくいかないかもしれない。私は、長期的にはプロセスが私を支えてくれることを信じ、個々のトレード結果はあまり気にしない。1回のトレード結果は完全にランダムだが、100回の結果はランダムではないということを思い出してほしい。

　トレーダーの生活は、そのときどきで何をするかではなく、何を繰り返して行うかによって決まる。トレードで、負けトレードをなくすことはできない。このことを説明するために、本書のタイトルを「うまく負けた人が勝つ（Best Loser Wins）」とした。最もうまく負けることのできる人が、トレードという戦いに勝つことができ

るのだ。

　このことは、15カ月に２万5000人のトレーダーが行った4300万回のFXトレードを調査した結果がよく表している。4300万回のうち、通貨によってばらつきはあるが61％が勝ちトレードで、負けトレードよりも多かった。

　これはどういうことだろうか。

　これは、２万5000人のトレーダーが市場の動きを把握して仕掛けるべきところが分かっていたことを意味している。もしリスク・リワード・レシオが１：１ならば、100回中61回勝って39回負ける。これは22の純利益が得られる勝利の方程式で、しっかりとしたビジネスモデルになっている。

　ところが問題は、勝ちトレードの平均利益は43ピップスで、負けトレードの平均損失が83ピップスだったことだ。言い換えれば、彼らは負けトレードで、勝ちトレードの２倍の資金を失っている。

　100回のトレードが執行されたとしよう。

　61回の勝ちトレード×43ピップス＝2623ピップス

　39回の負けトレード×83ピップス＝3237ピップス

　これはどういうことだろうか。

　この結果からは、彼らが勝ちトレードを見つけるのはうまかったが、負けトレードになったときに損切りする規律がなかったことが分かる。

　それはどういうことだろうか。

　それは、負けトレードをうまく処理できるようになるために、メンタルを鍛える必要があるということを意味している。彼らの脳は、損切りと痛みが連動するようになっている可能性が高い。脳の根底には、痛み——身体的な痛みや精神的な痛み、知覚する痛みや本当

の痛み——から自分を守る使命がある。

最後に

　稼げるトレーダーになるための道は、市場をより深く理解することではなく、自分の心をより深く理解することである。あなたが自分の心をどうコントロールできるかで、トレーダーとしてどのくらいの成功を達成できるかが決まる。

　ここであえてあなたについて書く。本書を読んでいる方は新人とベテランに分かれると思うが、トレードしたことがない人は本書のような本は手に取らないだろう。

　新人は、『トレードをマスターする方法』『トレードで経済的自立を達成する』といった類いの本に引かれる。これらの本はテクニカル分析や完璧なトレード例を示すチャートについて300ページも書かれていても、おそらく負けトレードについては一言も触れていない可能性が高い。

　しかし、本書を読んでいる人は、今言ったような本を買ってはみたものの、今の自分から目指す自分になるためには、より良い考え方が必要だと気づいた人たちだと思う。

　本を書くに当たって私が幸運だったのは、自分の資質を説明する必要がなかったことである。私は４年間の実績をタイムスタンプ付きで公開しており、だれでも見ることができる。ブローカー経由で行ったトレードをExcelでまとめた表も私のTelegramチャンネルとウェブサイトで毎日公開している。そのなかには、ダメなトレードもたくさんある。ウソではない。ただ、全体としては利益が上がっているし、かなりの額になっている。

そこで、本書では私がトレードという戦いを支配し続けるために取ってきたステップ、そして今でも取っている実際のステップを集中的に紹介してきた。

最後は、私にとって大事な言葉で締めくくりたい。私は自分にとってうまくいくプロセスを紹介した。これは私の信念が中心になっているが、その信念は私がこれまで過ごしてきた環境に大きな影響を受けている。

信念は、その人の願望と必要性によって形成されると思っている。私の場合は、稼げるトレーダーになりたいという願望と、経済的に安定した人生を送りたいという必要性によって、それを達成するための信念を持つようになった。

つまり、私のやり方が唯一の方法ではない。本書で説明したのは万能な方法ではなく、私の方法だ。自分にとって正しいと思ったことが正しい方法なので、それを信じてほしい。

私はときどきトレードのメンタルに関する語りが止められなくなることがあり、そのときは私のウェブサイトにその思いを投稿している。

https://tradertom.com/wp-content/uploads/2021/03/BEST-LOSER-WINS-1.pdf
https://tradertom.com/

トレードで素晴らしい旅路を
愛を込めて

トム・ホウガード

■著者紹介
トム・ホウガード（Tom Hougaard）
イギリスの２つの大学で経済学とファイナンスを学び、JPモルガン・チェースに勤務後、ロンドンのシティで10年間CFD（差金決済）のブローカーでチーフマーケットストラテジストを務めた。テレビやラジオで市場に関するインタビューを多く受けているほか、トレード戦略に関して何万人もの顧客を教育している。2009年以降は自己資金でトレードしている。また、自費出版でトレード心理、プライスアクション、商品知識などに関する著作を発表している。TelegramやYouTubeでトレードを公開しているほか、トレード結果を自身のウェブサイト（https://tradertom.com/）で公開している。

■監修者紹介
長岡半太郎（ながおか・はんたろう）
放送大学教養学部卒。放送大学大学院文化科学研究科（情報学）修了・修士（学術）。日米の銀行、CTA、ヘッジファンドなどを経て、現在は中堅運用会社勤務。２級ファイナンシャル・プランニング技能士（FP）。『ルール』『その後のとなりの億万長者』『IPOトレード入門』『株式投資　完全入門』『知られざるマーケットの魔術師』『パーフェクト証券分析』『バリュー投資達人への道』『新版　バリュー投資入門』『鋼のメンタルトレーダー』『投資の公理』『株式市場のチャート分析』『ミネルヴィニの勝者になるための思考法』『アルゴトレード完全攻略への「近道」』『長期的投資の醍醐味「100倍株」の見つけ方』『株式投資のテクニカル分析補完計画』『無敵の「プライスアクション＋価格帯別出来高」FXトレード』『システムトレード　基本と原則【実践編】』『バフェットからの手紙【第８版】』『ロジャー・マレーの証券分析』『漂流アメリカ』『モンスター株の売買戦術』『証券分析 第６版』『隠れた「新ナンバーワン銘柄」を見つける方法』『マルチタイムフレームを使ったテクニカルトレード』『桁外れの投資家たち』『全天候型トレーダー』など、多数。

■訳者紹介
井田京子（いだ・きょうこ）
翻訳者。主な訳書に『トレーダーの心理学』『トレーディングエッジ入門』『プライスアクショントレード入門』『トレーダーのメンタルエッジ』『バリュー投資アイデアマニュアル』『完全なる投資家の頭の中』『株式投資で普通でない利益を得る』『行動科学と投資』『バフェットからの手紙【第５版】』『IPOトレード入門』『トレードで成功するための「聖杯」はポジションサイズ』『バリュー投資達人への道』『鋼のメンタルトレーダー』『株式市場のチャート分析』『アルゴトレード完全攻略への「近道」』『株式投資のテクニカル分析補完計画』『バフェットからの手紙【第８版】』（いずれもパンローリング）など、多数。

本書の感想をお寄せください。
お読みになった感想を下記サイトまでお送りください。
書評として採用させていただいた方には、
弊社通販サイトで使えるポイントを進呈いたします。

https://www.tradersshop.com/bin/apply?pr=3179

2024年6月3日　初版第1刷発行

ウィザードブックシリーズ359

ベスト・ルーザー・ウィンズ
Best Loser Wins
――人間の脳に組み込まれた負けパターンを克服する方法

著　者　　トム・ホウガード
監修者　　長岡半太郎
訳　者　　井田京子
発行者　　後藤康徳
発行所　　パンローリング株式会社
〒160-0023　東京都新宿区西新宿7-9-18　6階
TEL 03-5386-7391　FAX 03-5386-7393
http://www.panrolling.com/
E-mail　info@panrolling.com
編　集　　エフ・ジー・アイ（Factory of Gnomic Three Monkeys Investment）
装　丁　　パンローリング装丁室
組　版　　パンローリング制作室
印刷·製本　株式会社シナノ

ISBN978-4-7759-7328-8
落丁・乱丁本はお取り替えします。
また、本書の全部、または一部を複写・複製・転訳載、および磁気・光記録媒体に
入力することなどは、著作権法上の例外を除き禁じられています。

本文　©Ida Kyoko／図表　©Pan Rolling　2024 Printed in Japan

ウィザードブックシリーズ 297

行動科学と投資
その努力がパフォーマンスを下げる

ダニエル・クロスビー【著】

定価 本体2,800円+税　ISBN:9784775972663

ヒトという不合理投資家のための特効薬！

ニューヨーク・タイムズの2017年ベスト投資本の著者による本書は、心理学を応用して資産運用の理論と実践を改善する方法を紹介している。心理学者であり、資産運用者でもあるダニエル・クロスビー博士は、私たちの投資判断に影響を及ぼす社会的・神経的・心理的要素を検証して、リターンと行動を改善する実践的な解決策を紹介している。博士は、投資家の行動に関する最新かつ包括的な検証を用いて判断過程を洗練させ、自己認識を高め、多くの投資家が抱える致命的な欠陥を避けるための具体的な解決策を提示している。

ウィザードブックシリーズ 287

【新版】リスクの心理学

アリ・キエフ【著】

定価 本体1,800円+税　ISBN:9784775972564

適切なリスクを取るための
セルフコントロール法

本書では、「リスクを取る意欲の分析」「リスクを管理する方法」「トレーダーを襲う病的なパターンに対処する方法」を中心に解説する。世の中には、大きなリスクを取っても売買ルールどおりに平然と実行するトレーダーと、分析では決して引けを取らないが、いざ実践となると実行できないトレーダーがいる。本書は、その理由に迫り、トレーディングの成功を妨げる要素について解説している。リスクや様々なストレスへの感情的な反応に惑わされることなくトレーディングを行うためのテクニックや原則を伝授する。

賭けの考え方
勝ち組ポーカープレイヤーの思考習慣

イアン・テイラー / マシュー・ヒルガー【著】

定価 本体1,800円+税　ISBN：9784775949061

勝ち組プレイヤーの思考習慣とは！

すべてのプレイヤーが負ける必要のないゲームで金を失っている。それをもたらすのは、知識の浅さや経験不足だけではない。感情・心理状態からくる内なる要因だ。我々が通常で与えられているような安全地帯は、ポーカー界には存在しない。全ての適切でない決断、ミス、筋の通らない考え、そして勘違いは、ポーカーテーブルでは命取りになる。ポーカー以外の他業界でも絶賛された本書を読めば、あなたの人生にプラスの影響をもたらしてくれるだろう。

ウィザードブックシリーズ 337
トレーダーのための感情理論

ジャレッド・テンドラー【著】

定価 本体3,800円+税　ISBN:9784775973066

感情を抑制することなくゾーンに入る
最高レベルの感情の生かし方

トレードの目的は利益を上げること。にもかかわらず大事な局面で同じような失敗──過剰にポジションをたてる、価格を追いかける、無駄に損失を膨らますなど──を犯して利益を取りきれずにいる。これらの原因は技術面ではなく、欲や恐怖、怒りあるいは自信といった感情にある。他のトレード心理書籍との違いは、感情のとらえ方だ。感情は今後あなたが向かうであろう行く末を示してくれる、あなただけのシグナルだ。本書は感情レベルを頂点に保ちながら最高レベルのパフォーマンスを上げられる仕組みと実践を紹介した稀有な一冊である。

ウィザードブックシリーズ 32

ゾーン
「勝つ」相場心理学入門

マーク・ダグラス【著】

定価 本体2,800円+税　ISBN:9784939103575

「ゾーン」に達した者が勝つ投資家になる！

本書では、投資家がトレードで一貫した結果を出せない隠された理由を明らかにし、奥底に潜む心の習性がもたらす障壁を乗り越えるため、実践的なプロセスが提示されている。ダグラスはマーケットの神秘に挑戦し、見事にひとつひとつそれを明確にした。すべての株式トレードを支配する「不確実性の原理」を本書から理解すれば、ランダムな結果を大局的に見て、リスクの本当の現実を受け入れられるようになるだろう。

本書から、マーケットで優位性を得るために欠かせない、まったく新しい次元の心理状態を習得できる。「ゾーン」の力を最大限に活用し、大きく飛躍してほしい。

ウィザードブックシリーズ 252

ゾーン 最終章
トレーダーで成功するための
マーク・ダグラスからの最後のアドバイス

マーク・ダグラス【著】

定価 本体2,800円+税　ISBN:9784775972168

トレード心理学の大家の集大成！

1980年代、トレード心理学は未知の分野であった。創始者の一人である著者は当時から、今日ではよく知られているこの分野に多くのトレーダーを導いてきた。彼が得意なのはトレードの本質を明らかにすることであり、本書でもその本領を遺憾なく発揮している。そのために、値動きや建玉を実用的に定義しているだけではない。市場が実際にどういう働きをしていて、それはなぜなのかについて、一般に信じられている考えの多くを退けてもいる。どれだけの人が、自分の反対側にもトレードをしている生身の人間がいると意識しているだろうか。また、トレードはコンピューター「ゲーム」にすぎないと誤解している人がどれだけいるだろうか。読者はトレード心理学の大家の一人による本書によって、ようやく理解するだろう。

ウィザードブックシリーズ 332

ミネルヴィニの
勝者になるための思考法

マーク・ミネルヴィニ【著】

定価 本体2,800円+税　ISBN:9784775973011

人生のすべてはあなたの秘めた力で作り出せる!

世界で活躍するアスリートやコーチや実業界での成功者や世界中の並外れた勝者たちの戦略を使って、あなたの輝く可能性を狭めているあなた自身の考え方を今すぐ変えよう! 勝者の考え方を身に付けて、あなたがやりたいと思ったどんなことでも成功させよう! 本書はミネルヴィニのひらめきから知識や実生活での経験まですべてが詰まっており、あなたの秘められた力を最大限に引き出すためのバイブルになっている!

ウィザードブックシリーズ 326

鋼のメンタルトレーダー

スティーブ・ワード【著】

定価 本体2,800円+税　ISBN:9784775972953

ストレスや挫折をバネにして、精神を防弾仕様にする!

トレードとは素晴らしい見返りが期待できるやりがいのあるもの(仕事? 趣味?)である。しかし、トレードは精神的にも感情的にも大変厳しい場面に置かれることがよくある。当然、そのなかには自分の心や精神やメンタルと体を鍛えることも含まれている。あらゆる分野の最新の知見を用いた本書は、ストレスや挫折に対処する方法や高パフォーマンスを上げていく方法を学んで、防弾トレーダーになりたい人には絶対に読まずにはいられない1冊と言える。

ウィザードブックシリーズ 108

高勝率トレード学のススメ
小さく張って着実に儲ける

マーセル・リンク【著】

定価 本体5,800円+税　ISBN:9784775970744

あなたも利益を上げ続ける少数のベストトレーダーになれる！

夢と希望を胸にトレーディングの世界に入ってくるトレーダーのほとんどは、6カ月もしないうちに無一文になり、そのキャリアを終わらせる。この世でこれほど高い「授業料」を払う場があるだろうか。こうした高い授業料を払うことなく、最初の数カ月を乗り切り、将来も勝てるトレーダーになるためには、市場での実績が証明されたプログラムが不可欠である。本書はこのような過酷なトレーディングの世界で勝つためのプログラムを詳しく解説したものである。

ウィザードブックシリーズ 194

利食いと損切りのテクニック
トレード心理学とリスク管理を融合した実践的手法

アレキサンダー・エルダー【著】

定価 本体3,800円+税　ISBN:9784775971628

自分の「売り時」を知る、それが本当のプロだ！

本書は、「売りの世界」について、深く掘り下げており、さまざまなアイデアを提供してくれる。しかも、2007～2009年の"超"弱気相場での具体的なトレード例が満載されており、そこからも多くの貴重な教訓が得られるはずだ。さらに、内容の理解度をチェックするため、全115問の確認テストと詳細な解説も収められている。本書をじっくり読み、売る技術の重要性とすばらしさを認識し、トレードの世界を極めてほしい。

ウィザードブックシリーズ182

投資家が大切にしたい
たった3つの疑問

ケン・フィッシャー【著】

定価 本体3,800円+税　ISBN:9784775971499

投資の"神話"に挑戦し、それを逆手にとって
自らの優位性にする考え方を徹底解説！

著者は本書で、多くの人々が判断の根拠としている従来の投資神話の正体を暴き、他人の知らないことを知るためにすべき方法論を詳細に披露してくれている。その方法論は、彼自身が長く大きな成功を収める土台となったものであり、たった3つの疑問に集約される。ひとつ目の疑問を使うことで、物事を本来のありのままの姿で見ることができるようになる。2つ目の疑問では、他の投資家が頻繁に見落としがちな物事を見抜けるようになる。そして3つ目の疑問では、あなた自身と現在の市場との関連性を理解できるようになる。

ウィザードブックシリーズ199

損切りか保有かを決める
最大逆行幅入門

ジョン・スウィーニー【著】

定価 本体7,800円+税　ISBN:9784775971666

トレーディングの損失を最小化するリスク管理法

最大逆行幅について初めて書かれた画期的ガイド！
トレーディングリスクを劇的に減少させる斬新でパワフルなツール。ここには最小限のリスクで大きな利益を手に入れるためのエッジがある！
本書は計算例や実例が豊富で、独自のチャート作りに役立つエクセルコードも充実しており、MAEを効果的に使って利益を出すための方法を指南する決定的ガイドになっている。